Klaus Gorzny

Burgen, Schlösser und Adelssitze im Emscher Landschaftspark

Ein Wegbegleiter

Fotos Claas Marlori

Piccolo Verlag, Marl, 2001

Impressum

Herausgeber: Klaus Gorzny
Fotos: Claas Marlori
Satz und Druck: Druckerei H. Buschhausen, 45701 Herten
Piccolo Verlag, Wellerfeldweg 226, 45770 Marl

Herausgegeben im Jahr 2001

ISBN 3-9801776-5-3

Burgen, Schlösser und Adelssitze
im
Emscher Landschaftspark

Ein Wegbegleiter

Inhaltsverzeichnis

Vorwort

Entlang der Emscher, einem kleinen Flachlandfluss, der im Süden von Dortmund entspringt und bei Wesel in den Rhein mündet, standen früher einmal sechzig Herrensitze. Heute sind es im Emscher Landschaftspark immerhin noch etwa dreißig. Dass die Emscherzone, dieses vom Kohlebergbau und der Industrie am meisten in Mitleidenschaft gezogene Gebiet, eine „Schlösserlandschaft" ist, deren „Schlösserdichte" weit größer ist, als man sie aus anderen Regionen von Deutschland und dem europäischen Ausland kennt, wird wohl kaum einer für möglich halten. Denn Schlösser und Industrie - sind das nicht Gegensätze?

Zuerst waren die Schlösser, dann kam die Kohle und später die Industrie: Sie haben sich mit Förderschächten, mit Fabrikhallen und Schloten der Landschaft bemächtigt. Die Städte des heutigen Ruhrgebietes, die um 1800 kaum mehr als 5 000 Einwohner zählten, wuchsen über ihre Stadtgrenzen hinaus. 1852 lebten im Kernbereich des Ruhrgebietes etwa 375 000 Menschen, 1925 waren es bereits fast 3,8 Millionen, heute sind es mehr als 4 Millionen. Bis ins 19. Jahrhundert hinein haben im Emscherbruch noch Wildpferde gelebt. Es war eine Landschaft, wie wir sie noch gelegentlich im Münsterland antreffen können.

Die Bedeutung der Burgen und Schlösser trat mit zunehmender Industrialisierung in den Hintergrund, ebenso die der Adelshäuser und deren Besitzer. An ihre Stelle traten Industriebarone und Bürgermeister. So kam es, dass manche Burg ins Abseits eines weniger attraktiven Stadtteils rückte oder zwischen den Städten dem stetigen Verfall anheim fiel. Der Gedanke des Denkmalschutzes war bis in die Mitte des vorigen Jahrhunderts weit weniger ausgeprägt als heute. Die alte Bausubstanz wurde häufig als nicht zeitgemäß empfunden und fiel der Abrissbirne zum Opfer.

Als ich 1963 für fünf Jahre nach Mülheim an der Ruhr übersiedelte, wurden gerade Ausgrabungen an Schloss Broich vorgenommen. Die Zeitungen berichteten von den bedeutenden Ergebnissen, nämlich dass es sich bei Schloss Broich um eine Karolingerburg aus dem 9. Jahrhundert handelte. Obwohl die Presse ausführlich berichtete, hat die Bevölkerung hiervon kaum Kenntnis genommen. 1971 übersiedelte ich zum zweiten Mal ins Ruhrgebiet, dieses Mal nach Marl und mit Familie. An Wochenenden sind wir hin und wieder zum Schloss Herten gefahren, das sich damals noch in einem beklagenswerten Zustand befand und nicht zugänglich war. Teile des Parks waren mit einer hohen Mauer umgeben, die an manchen Stellen einen Blick in den verwilderten Park und auf die Ruine der einstigen Orangerie zuließen. Der Verfall des Schlosses und die Überwucherungen des unzugänglichen Parks erinnerten lebhaft an das Schicksal von Dornröschen und beschäftigten die Fantasie der Kinder.

Schloss Herten war übrigens das einzige Schloss, das wir im Emscherraum zu jener Zeit, in den 70-er Jahren, zur Kenntnis genommen haben. Wenn wir Schlösser besuchten, so waren es die im Münsterland.

Inzwischen hat sich das Erscheinungsbild der Emscherzone stark gewandelt. Nach dem Niedergang der Montanindustrie sind große Brachflächen entstanden, die neuen Verwendungszwecken zugeführt oder renaturiert werden. Im Rahmen dieser Bestrebungen ist der Emscher Landschaftspark entstanden (s. S. 9). Auch der Denkmalschutz hat in Stadt und Land einen erhöhten Stellenwert erlangt. Die Kommunen haben ihre Schätze entdeckt. Davon haben insbesondere die Burgen und Schlösser profitiert. Sie sind inzwischen herausgeputzt und, soweit sie in öffentlicher Hand sind, wurden sie, versehen mit Funktionen als Museum, Standesamt oder Kulturstätte, in das moderne Leben integriert. Viele aber liegen noch immer im Abseits. Zwar sind sie dem Ortsansässigen vom Sonntagsspaziergang oder in ihrer Funktion bekannt. Doch ist sich der im Ruhrgebiet Lebende nicht bewusst, in einer alten Kulturlandschaft mit Schlössern zu wohnen.

Der vorliegende Bildband, der sich zugleich auch als Reiseführer versteht, will dazu beitragen, die

„Schlösserlandschaft" des Emscherraumes zu erschließen.
Um das Auffinden der einzelnen Burgen und Schlösser, die zu vier Routen zusammengefasst sind, zu erleichtern, sind dem Bildteil Übersichtskarten und Wegbeschreibungen beigefügt. Hierdurch können schwer auffindbare Objekte - und das sind nicht wenige - mühelos erreicht werden. Darüber hinaus ist der vom Kommunalverband Ruhrgebiet herausgegebene, dreiteilige Luftbild-Straßenatlas empfehlenswert.
In jeder Route werden acht bis zehn Adelssitze angesteuert, was dem von fern angereisten Besucher, der sich einen Überblick über die Schlösserlandschaft des Emschergebietes verschaffen will, als Tagestour willkommen ist. Um den alten Bauwerken mit ihren Türmen und Erkern, den steinernen Brücken und prächtigen Portalen, jedoch gerecht zu werden, sollte man sich mehr Zeit lassen und auch das gesamte Ambiente auf sich wirken lassen. Denn die einstigen Schlossherren hatten eine besondere Vorliebe für Parkanlagen. Zu fast jedem Schloss gehört ein Landschaftsgarten mit exotischen Baumriesen, hervorgegangen aus Samen, die von Naturforschern aus fernen Ländern mitgebracht worden sind. Wer schaut nicht gerne in die dunklen Wasser der Gräften, in denen Karpfen wie schwere Schatten gleiten, während Nilgänse für den Fotografen posieren und der Reiher auf den ersten Blick wie eine Bronzeskulptur aussieht.
Die Beschreibungen der einzelnen Herrensitze enthalten kurze Informationen zur Baugeschichte und dem Baustil der heute vorhandenen Bauwerke, die meist auf den Grundmauern mehrerer Vorgängerburgen standen. Die meisten von ihnen datieren aus dem Hochmittelalter zwischen dem 12. und 14. Jahrhundert. Nur in seltenen Fällen stammen die Vorgängerbauten aus früheren Jahrhunderten, wie etwa Schloss Broich, das sich auf eine spätkarolingische Wehranlage aus den Jahren 883-84 zurückführen lässt. Ergänzt wurden die Texte durch Anmerkungen zu den einst ansässigen Adelsgeschlechtern, deren Genealogie jedoch nicht im Detail weiter verfolgt wird.
In eingestreuten Textbeiträgen werden dem Leser Hintergrundinformationen zur Burgenkunde und zur geschichtlichen Entwicklung des Ruhrgebietes, speziell des Emscherraumes, gegeben. Da die Burgenkunde viele Fachausdrücke kennt, die dem Nicht-Eingeweihten unbekannt sind und die durch Begriffe des täglichen Lebens nur unzureichend ersetzt werden können, ist dem Bildteil ein kleines Burgenlexikon hintangestellt.
Die Beschäftigung mit diesem umfangreichen Thema hat sich über einen längeren Zeitraum erstreckt. Viele Personen meines persönlichen Umfeldes, insbesondere meine Töchter Tatjana und Xenia, haben den Entstehungsprozess dieses Buches durch ihr Interesse begleitet. Einen zusätzlichen Impuls haben meine Arbeiten durch die Fahrten der „Burgenfreunde Recklinghausen" erfahren. Aus diesem Kreise gilt mein besonderer Dank für wertvolle Anregungen und Hinweise Herrn Ingo Gawor und seiner Frau Toni, sowie den Herren Bernhard Hester, Willi Kirchhoff, Dr. Joachim Stark und Gerhard Wilming. Herzlichen Dank auch an Herrn Hans-Eberhard Maschinski für sein Interesse und zahlreiche Hinweise. Unterstützung wurde mir ferner von den Ämtern für Öffentlichkeitsarbeit der Städte, aus deren Stadtgebiet Schlösser in diesem Bildband aufgenommen wurden, zuteil. Zu besonderem Dank bin ich dem Kommunalverband Ruhrgebiet verpflichtet, der mir aus seinem Fundus Luftaufnahmen und Kartenmaterial zur Verfügung stellte. Besonderen Dank auch an Herrn Dr. Bartels, der mir den Umgang mit den erforderlichen PC -Programmen erleichterte. Für das Lektorat danke ich ganz herzlich Herrn Rainer Klaas und meiner Tochter Xenia. Mein besonderer Dank gilt der Druckerei Buschhausen, die sich in idealistischer Weise für die Entstehung des Buches eingesetzt hat und an deren Mitarbeiter, die bereitwillig auf meine Wünsche eingegangen sind.

Der Emscher Landschaftspark

Der Emscher Landschaftspark wurde 1989 vom Kommunalverband Ruhr in Zusammenarbeit mit 17 Kommunen des mittleren und nördlichen Ruhrgebietes ins Leben gerufen und umfasst ein Gebiet von 784 km² entlang der Emscher, dem mittleren Streifen des Ruhrgebietes zwischen Ruhr und Lippe. Die größte Ausdehnung beträgt in Nord-Süd-Richtung 18 km und in West-Ost-Richtung 80 km. Hier leben etwa 2 Mio. Menschen. Etwas mehr als die Hälfte dieses Gebietes sind Grünflächen (43%) und Brachflächen (8%). Diese Region war bis in die 90er Jahre hinein ein von Industrie und Verkehr stark in Mitleidenschaft gezogenes Gebiet. Nach dem Niedergang der Montanindustrie folgte der Abriss großer Industrieanlagen, was zur Folge hatte, dass große Flächen brach fielen. Diese sollten nun nicht als Ödland zurückgelassen, sondern einer sinnvollen Nutzung zugeführt werden. Einige der stillgelegten Industrieanlagen wurden wegen ihrer baulichen Bedeutung als Zeitzeugen der Industriearchitektur im 19. Jahrhundert zu Industriedenkmälern erhoben.

Die 1989 gegründete Internationale Bauausstellung Emscher Park (IBA Emscher Park), die 1999 zu Ende gegangen ist, hatte sich zum Ziel gesetzt: „städtebauliche, soziale, kulturelle und ökologische Maßnahmen als Grundlagen für den wirtschaftlichen Wandel in einer alten Industrieregion einzuleiten".

Emscher Landschaftspark

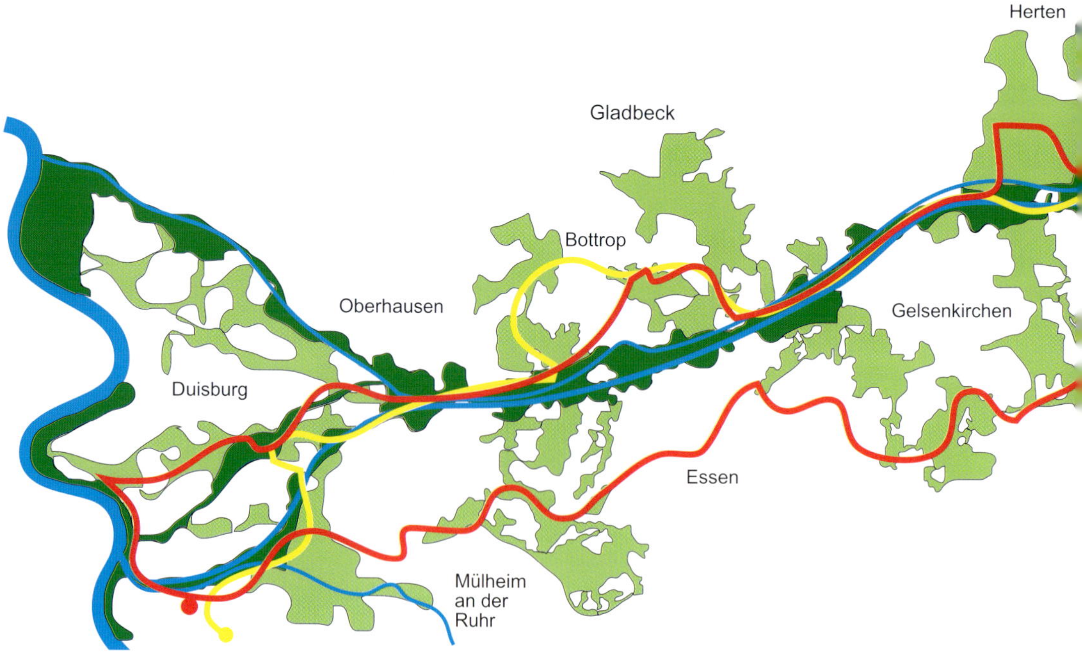

Es entstanden Gewerbe-, Dienstleistungs- und Wissenschaftsparks sowie Einkaufscenter, aber auch kulturelle Einrichtungen und Freizeitparks. Große Flächen wurden von den Kommunen und vom Kommunalverband Ruhrgebiet übernommen und befinden sich in einem Prozess der Rekultivierung, der bereits weit fortgeschritten ist und in einen sichtbaren Gesundungsprozess von Landschaft und Natur einmündet. Nicht ohne Stolz wird daher in einer Veröffentlichung des Kommunalverbandes Ruhrgebiet (KVR) auf den bereits erzielten Wandel dieser Region hingewiesen: „Während das Gesicht anderer Regionen durch Kirchen und Schlösser, Berge und Flüsse bestimmt ist, wird das Ruhrgebiet durch die Landmarken (weithin sichtbare Geländepunkte) der Industriekultur geprägt.“ Es lag daher nahe, eine „Route Industriekultur“ ins Leben zu rufen, die bereits überregionales Interesse erweckt hat und dazu beiträgt, das Ruhrgebiet touristisch zu erschließen. Mit Mitteln der Land-Art - das sind großdimensionierte Skulpturen, Lichtplastiken und Klanginstallationen - wie auch durch gestaltete Halden, Fördertürme, Hüttenwerke, Schornsteine, Gasometer und ausgewählte Beispiele der Industriearchitektur wird eine historische Rückschau auf die große Epoche des Ruhrgebietes und speziell der Emscherzone gehalten.

Darüber hinaus gibt es aber auch eine „Route Industrienatur“. Zwischen Duisburg und Bergkamen ist ein Regionalpark angelegt, der aus einem System von regionalen Grünzonen besteht, die mit alten, im Siedlungsgewirr erhalten gebliebenen Freiräumen und ehemaligen Industrieflächen zu neuen Grünflächen zusammenwachsen. Es entsteht ein völlig neuer Landschaftstyp mit einer zum Teil eigenständigen Pflanzenwelt, die bereits mutierte Moose und Flechten hervorgebracht hat. Die alten, verlassenen Industriestandorte werden eines Tages überwuchert sein und sich nahtlos in die Grünzonen eingliedern.

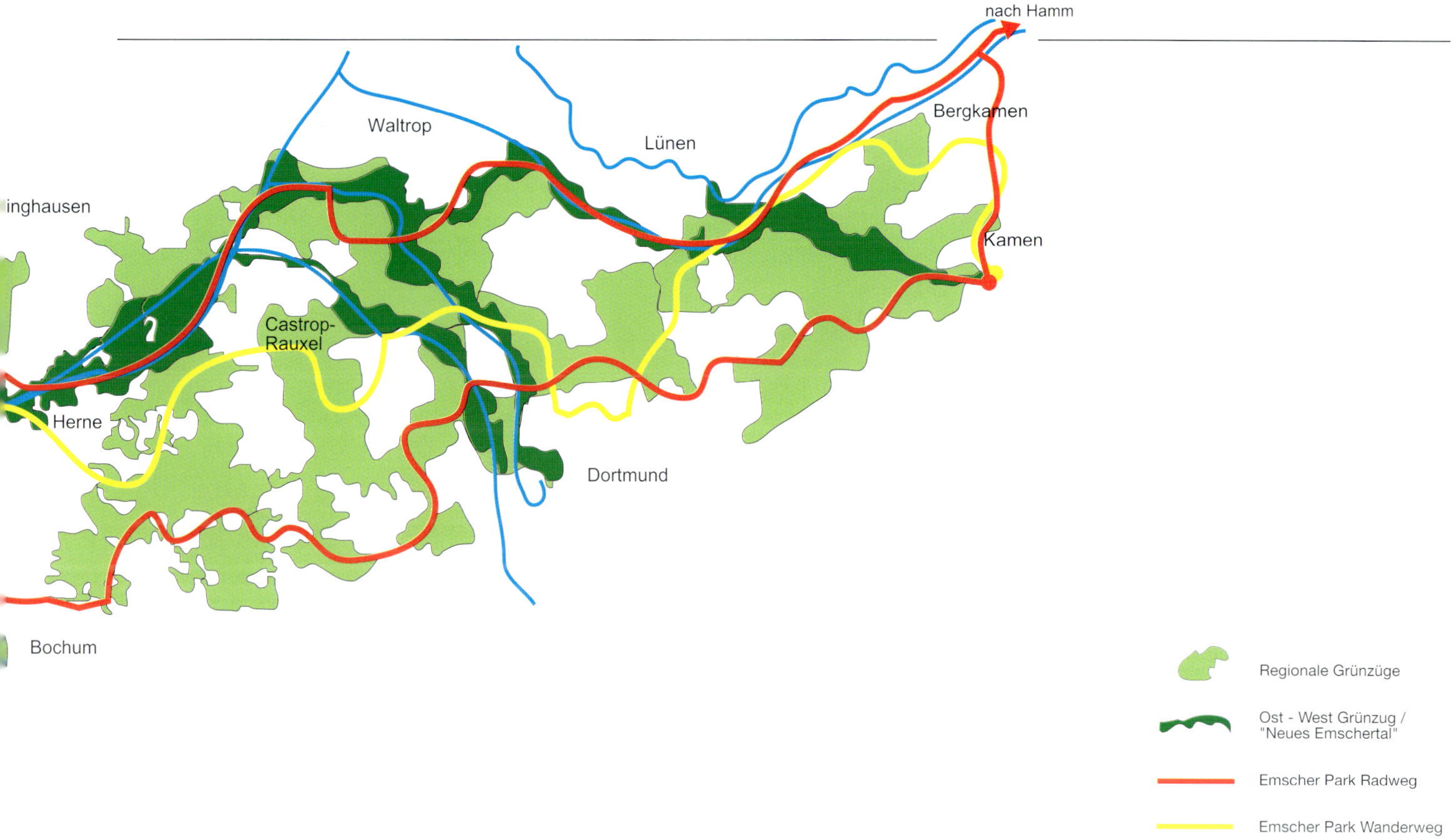

Über einen 230 km langen Radwanderrundweg zu beiden Seiten der Emscher lassen sich die Schönheiten der Emscherbruch-Landschaft erschließen. Dieser Radweg führt auch in der Nähe vieler Emscherschlösser vorbei, so dass diese durch kleine Abstecher mit dem Fahrrad leicht zu erreichen sind.

Umfassende Informationen findet man im „Haus des Parks", das sich in der umgebauten Scheune des ehemaligen Bauernhofes Ripshorst befindet. Neben verschiedenen Prospekten und einem umfangreichen Angebot an Kartenmaterial und Atlanten, auch auf CD ROM erhältlich, werden hier die Highlights des Emscher Landschaftsparks auch multimedial erlebbar. Ehe man sich wieder auf den Weg begibt, kann man sich noch schnell an rustikalen Holztischen aus einer kleinen Kaffee- und Getränkebar bedienen. Seit einiger Zeit ist ein Fahrradverleih angeschlossen, der auch Modelle für ausgefallene Wünsche, z.B. Tandems bereit hält.

Nicht versäumen sollte man einen Besuch im angrenzenden Gehölzgarten, der mit über 6 000 neu gepflanzten Bäumen, die sich bereits prächtig entwickelt haben, einen Einblick in die Welt der heimischen Gehölze über einen Zeitraum von 60 Millionen Jahren gewährt.

Haus Ripshorst erreicht man über die A 42, Anschlußstelle 11 OB-Osterfeld, Richtung Neue Mitte. Direkt hinter der Kanalbrücke links abfahren und den Schildern folgen. Parkplätze sind vorhanden. Den Besuch von Haus Ripshorst kann man auch in die Schlösserrundfahrt West einflechten. Hierzu macht man einen Abstecher zwischen Burg Vondern und Schloss Oberhausen entsprechend der oben beschriebenen Anfahrt.

Adresse: Haus Ripshorst
Ripshorster Str. 306
46177 Oberhausen
Tel. 02 08 / 88 33 483

Von der Fliehburg zum Wasserschloss - eine kleine Burgenkunde

Befestigungsanlagen und Fliehburgen

Der Begriff Burg ist für den modernen Menschen meist mit einem Hauch Romantik verklärt. Wer denkt nicht sofort an trutzige Bauwerke mit Türmen und Erkern hoch oben auf einem Felsen, umringt von einer mit Zinnen bewehrten Mauer. Aus dem Berg springt ein klarer Quell, der sich silbrig ins Tal stürzt. Im Burgtor steht im langen Gewande das Burgfräulein mit sehnsüchtigem Blick, die blonden Haare zu Zöpfen geflochten, damit der Wind sie nicht zerzaust. Sie schaut den Weg hinab ins Tal, sieht in der Ferne eine Staubwolke, die das Herannahen der Ritter ankündigt. Im Abendrot flammen die ehernen Rüstungen wie leuchtende Karfunkel auf. Bald erkennt sie ihn, den siegreichen Helden, wie er stolz im Sattel sitzt und der Geliebten entgegenstürmt. Solche Burgen hat es gegeben, manche sind noch erhalten und künden von der Pracht des Rittertums. Sicherlich hat es auch solche Augenblicke gegeben. Bis zu diesen Burgen im Hochmittelalter war es aber ein weiter Weg - und das Leben in ihren Gemäuern war hart und meist wenig romantisch.

Die ältesten Burgen auf deutschem Boden waren Fliehburgen. Sie hatten mit den Ritterburgen des Mittelalters wenig gemein und waren im eigentlichen Sinne auch keine Burgen, sondern Befestigungen. Bei diesen Fliehburgen, die dem Schutze kleiner Bevölkerungsgruppen vor einem heranrückenden Angreifer dienten, handelt es sich um aufgeworfene Erdwälle mit Gräben und Palisaden. Die ältesten solcher Befestigungsanlagen stammen aus der Jungsteinzeit (4. Jahrtausend bis 1800 v. Chr.) und sind über ganz Europa verbreitet. Aber auch in China, Indien und dem vorderen Orient sind bereits um 2000 v. Chr. derartige Befestigungsanlagen nachweisbar. Während der kriegerischen Auseinandersetzungen zwischen Römern und Germanen im 1. Jahrhundert v. Chr. haben die Germanen Fliehburgen zum Schutz gegen die anstürmenden Römer gebaut. Hierüber haben Cäsar in seinen Tagebüchern im „De bello Gallico“ und besonders Tacitus in seinem ethnographischen Buch „Germania“, in dem er über die Germanen und deren Lebensweise berichtet, detaillierte Angaben gemacht.

Die mittelalterliche Ritterburg hingegen geht auf die militärischen Stützpunkte der Römer zurück, die diese zur Sicherung ihrer Grenzen und der Verwaltungsstruktur gegen die kriegerischen Germanen errichtet hatten. Diese als „burgus“ bezeichneten Festungsanlagen bestanden im wesentlichen aus einem turmartigen steinernen Kastell, umgeben mit einem Erdwall oder von Palisaden. Der Begriff „burgus“ ist eines der ältesten lateinischen Lehnwörter aus dem Germanischen und zugleich Namensgeber für den deutschen Begriff „Burg“.

Nach dem Niedergang der römischen Herrschaft wurden die meist guterhaltenen Wehrbauten entlang des Limes von den fränkischen und merowingischen Königen übernommen und dienten als Vorlage für die später errichteten Burgen.

Die Entstehung der Adelsschicht

Die germanische Stammesgemeinschaft bestand im frühen Mittelalter aus Freien, die gleichberechtigt Waffendienst leisteten. Unfreie und Rechtlose - im allgemeinen Kriegsgefangene und in Schuldknechtschaft Gefallene - waren in der Minderzahl. Der Führer der Gruppe war der Herzog, der frei gewählt wurde. Sein Amt war nicht erblich. Mit der Zeit wurden jedoch für die Ämter Kandidaten aus den schon im Kampf bewährten Familien gewählt. Durch ihre Ausbildung zum Kampf erlangten diese schließlich eine kämpferische Überlegenheit und somit mehr Ansehen. Denn die Wehrhaftigkeit war eine der wichtigsten Voraussetzungen für das Überleben der Stammesgemeinschaft. Für den einzelnen bedeutete eine herausragende kämpferische Leistung neben höherem Ansehen auch mehr Macht.

Seit dem 6. Jahrhundert wurde das Königtum zunehmend erblich, wodurch sich sein Einflussbereich vergrößerte. Die wichtigsten Ämter wie Herzöge und Grafen wurden mit eigenen Gefolgsleuten zum Nachteil der Gemeinschaft besetzt. Es bildete sich schließlich ein königstreuer Adel heraus. Gleichzeitig begann sich der Stand der Freien aufzulösen. Denn diese konnten in einem immer größer werdenden Königreich der Verpflichtung zum Waffendienst aus finanziellen Gründen nicht mehr nachkommen. Allmählich büßten sie ihre Rechte als Freie ein. Stattdessen mussten sie sich von ihren Pflichten zum Kriegsdienst freikaufen, indem sie sich in die Abhängigkeit eines Stärkeren begaben, der seinerseits vom König für seine Heerfolge zu Pferde mit Landbesitz entschädigt wurde.

Nach dem Tode Karls des Großen im Jahre 814 entstand ein Machtvakuum, das unter Ludwig I. dem Frommen zum Zerfall des Frankenreiches führte. Im Vertrag zu Verdun 843 erhielt Ludwig der Deutsche das Ostfrankenreich, Lothar I. das mittlere und Karl II. der Kahle das Westfrankenreich. Daneben entstanden Delegationen königlicher Gewalten an Herzöge und Grafen, sowie zahlreiche kleinere, lehenfreie (allodiale) Besitzungen, die keinem Herzog unterstanden. Diese entwickelten sich zu eigenständigen, manchmal sogar selbsternannten Herrschaftsbereichen mit gräflichen Machtbefugnissen. So begann sich die Gesellschaft in die für das Mittelalter typischen Hierarchien zu gliedern: die Geistlichen (oratores), den Waffenadel, den Ritterstand (milites) und die Landarbeiter (laboratores). Mit dem Anwachsen der Verwaltungsaufgaben entstand noch ein weiterer Kreis von Adelsleuten, der sogenannte Ministerialadel (ministeriales). Hierbei handelte es sich um einen Personenkreis aus freien Kriegern, seltener aus Unfreien, die beim Hochadel oder der Reichskirche in Anstellung genommen waren und sich ausgezeichnet hatten.

An der Spitze der Adelsgesellschaft stand der König, dem das Land gehörte und der es als Lehen an die Herzöge weitergab. Diese verfügten es an die nächst niedere Adelsschicht weiter bis hinunter zum einfachen Landadel. Mit dem Erhalt des Lehens (Leihgut) ist eine ritterliche Treueverpflichtung verbunden, wobei sich der Lehengeber zum Schutz des Schwächeren, des Lehennehmers, und dieser wiederum zur Kriegsdienstleistung gegenüber dem Lehengeber verpflichtet.

Aus diesen Strukturen der Adelsgesellschaft entwikkelte sich später die mittelalterliche Feudalgesellschaft. Hierdurch war zugleich die Voraussetzung für die Entstehung der Vielstaaterei im deutschen Reich gelegt. Jeder Souverän beanspruchte für sich zur Demonstration seiner Macht natürlich einen wehrhaften Adelssitz, woraus sich die Entstehung der zahlreichen Burgen und zu späterer Zeit der Schlösser erklärt.

Durch das Entstehen und Anwachsen der Städte entwickelte sich im späten Mittelalter (12.-15. Jahrhundert) das Bürgertum, ein eigener Stand, der unter eigenem Recht stand. Er genoss neue Freiheiten und entwickelte eine eigenständige Kulturform, die sich durch Wohnweise, Tracht, Kunst und Dichtung von der Adelsgesellschaft unterschied. Das Bürgertum spaltete sich in das Kleinbürgertum, die Handwerkerschaft und das Großbürgertum - die Patrizier - auf, zu denen die Großgrundbesitzer sowie die Kaufleute und Gelehrten zählten. Der Reichtum der Großbürgerschaft wollte sich, wie auch die Adelsschicht, repräsentativ darstellen. So entstanden in dieser Zeit die herrschaftlichen Patrizierhäuser, denen sich die Zunfthäuser zugesellten. Denn auch die Handwerker und Handwerkerschaften und Gilden der Kaufleute waren zu Geld und Ansehen gelangt. Das Bauen von Burgen und Schlössern jedoch war der Bürgerschaft, trotz ihres Reichtums, durch die Adelsschicht verwehrt.

Die Motte als Vorläufer der Ritterburg

Kehren wir aber zurück in die Zeit der Karolinger. Der Bau von Burgen war zunächst das Privileg des Königs und Symbol der Macht. Als jedoch im 9. Jahrhundert die Normannen über die Flussläufe ins Land einfielen und die ungeschützten Dörfer und Städte in Schutt und Asche legten, mussten durchgreifende Maßnahmen zur Verteidigung getroffen werden. Als Paris 861 zum dritten Mal von der Seine aus erobert und geplündert wurde, auch Aachen, Köln und Mainz hatten bereits Normannenüberfälle erlebt, wurden in größter Eile überall im Lande in der Nähe von Siedlungen Erdhügel aufgeschüttet, die mit einer umlaufenden Palisade, einem Wassergraben und einem hölzernen Turm befestigt waren. Ähnliche Befestigungsanlagen waren auch in Westfalen im Zuge der Sachsenkriege Karls des Großen errichtet worden. Diese Art der Schutzburg wurde als Motte bezeichnet und war die Vorstufe zur Ritterburg.

Die nächste Entwicklungsstufe bestand darin, dass man dem Erdhügel eine halbkreisförmige palisadenumwehrte Insel vorlagerte, die den landwirtschaftlichen Betrieb aufnahm und im Notfall der Dorfbevölkerung als Fliehburg diente. Hiermit war das Grundkonzept der mittelalterlichen Burg entwikkelt: die wehrhafte Burg mit Turm und der durch einen Wassergraben getrennten vorgelagerten Vorburg im doppelten Mauerring.

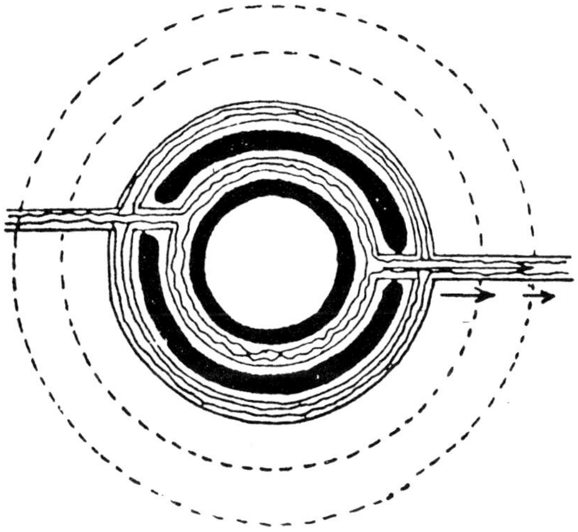

Grundriß einer Motte. Die Wälle sind schwarz, die Gräften mit Wellenlinien gekennzeichnet. Links Zuflußgraben von einer nahen Quelle, rechts der Abfluß.

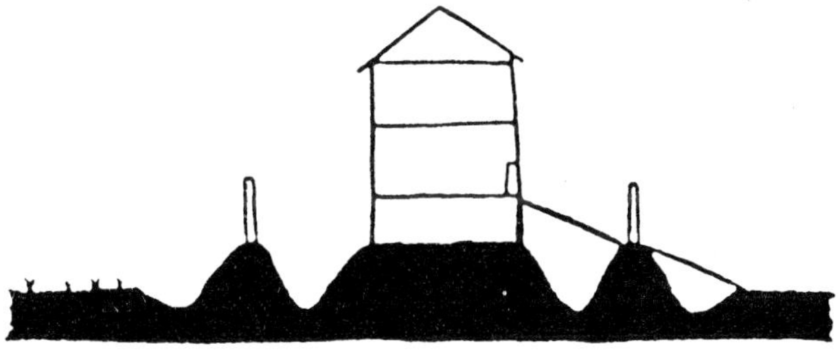

Motte mit Gräfte (im Schnitt).

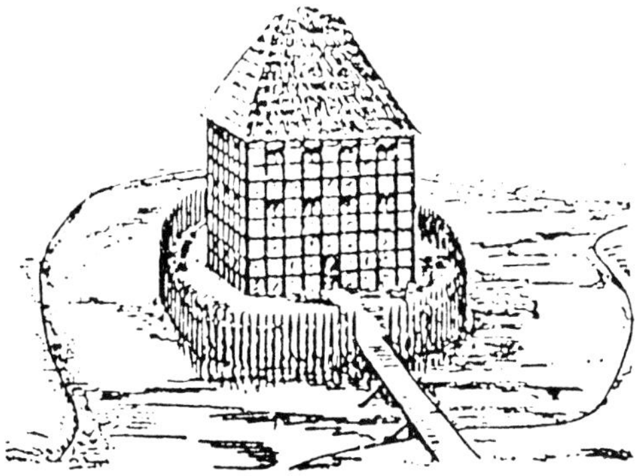

Motte – Rekonstruktion eines Wohnturmes inmitten einer Gräfte am Beispiel Holtrop am Niederrhein.

Im 10. Jahrhundert entstanden dann entsprechend der Delegation von Machtbefugnissen die ersten

Adelsburgen, die allerdings vom König genehmigt werden mussten. Deren Besitzer waren namentlich oft nicht bekannt, da diese keine Familiennamen, sondern nur Vornamen trugen. Seit dem 11. Jahrhundert legten sich die Adelsherren Familiennamen zu, die sich in der Regel auf ihre Burgen bezogen, so dass erst seit dieser Zeit eine eindeutige Zuordnung von Burgen zu Adelsherren möglich wurde. Die Besitzverhältnisse waren jedoch infolge Heirat, Erbschaft und Verkäufen einem ständigen Wandel unterworfen. So lässt sich in vielen Fällen die Zuordnung von Haus und Herr nicht mehr eindeutig nachweisen, vor allem dann nicht, wenn die Bauwerke bereits in weit zurückliegenden Jahrhunderten verfallen, die Gemäuer eingerissen und die Steine als Baumaterial weiterverwendet wurden, so dass Ort und Name in Vergessenheit gerieten. Oft wurden auf den Grundmauern der Ruine neue Bauwerke im Stil der Zeit errichtet. Diese Vorgehensweise war auch in der Antike üblich. Das bekannteste Beispiel ist Troja. Manche Namen alter Adelssitze sind daher nur mehr aus der schriftlichen Überlieferung bekannt.

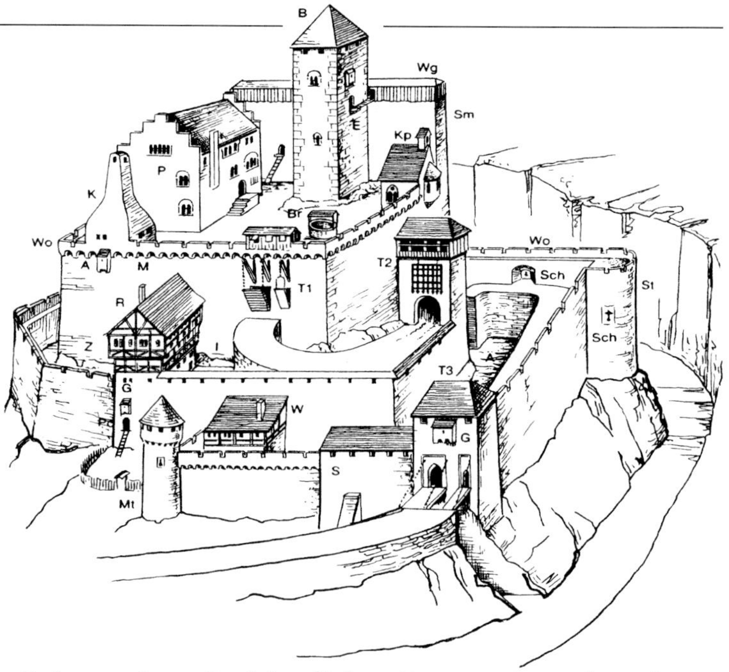

Schema der mittelalterlichen Burg nach H. de Caboga

B	*Bergfried*	*S*	*Stallungen*
G	*Gußerker*	*W*	*Wohngebäude für Knechte, Schmiede*
E	*Eingang zum Bergfried*	*Mt*	*Mauerturm*
Sm	*Schildmauer mit hölzernem Wehrgang*	*R*	*Wohngebäude für ritterliche Dienstmannen*
P	*Palas*	*Ä*	*Äußere Vorburg*
Br	*Burghof mit Brunnen*	*I*	*Innere Vorburg*
K	*Küchenbau*	*Z*	*Zwinger*
Kp	*Kapelle*	*St*	*Schalenturm*
T1	*Bergtor mit Mannloch (Schlupfpforte), Zugbrükken mit Schwungruten*	*Sch*	*Schießscharte*
		A	*Aborterker*
T2	*2. Tor mit Fallgatter*	*M*	*Maschikulis*
T3	*Torturm, Zugbrücken mit Rollenketten*	*Wg*	*Wehrgang, gedeckt*
Po	*Poterne (Ausfallpforte) mit Palisaden*	*Wo*	*Wehrgang, offen, auf der Ringmauer (Zingel. Bering)*

Die Ritterburg des Mittelalters

Die typische Ritterburg des Hochmittelalters (10.-13. Jh.) war der Einzelwohnsitz eines Grundherren, seltener einer ritterlichen Erbengemeinschaft (Ganerbengemeinschaft). Man unterscheidet zwischen Höhen-, Felsen- und Flachlandburgen. Die Höhenburg liegt gewöhnlich auf einer Bergkuppe oder Bergnase und ist aufgrund ihrer geographischen Lage meist von drei Seiten geschützt. Das gleiche gilt für die Felsenburg. Flachlandburgen hingegen sind gewöhnlich auf künstlichen Inseln angelegt und beziehen ihren Schutz durch Erdwälle und natürliche oder künstliche Wassergräben (Gräfte) sowie durch vorgelagerte Teichanlagen. Die eigentliche Burganlage ist von einer der Geländeform angepassten Ringmauer umgeben, die bei Höhenburgen auch als hohe Schildmauer ausgebildet sein kann. Auf der Mauer läuft ein offener oder überdachter Wehrgang mit Brustwehr und Zinnenkranz um, der vielfach durch Gusserker auf Kragsteinen ergänzt ist. Runde oder viereckige Mauertürme, die auch als Hohl- oder Schalentürme ausgebildet sind, dienten zur Unterstützung der Verteidigung gegen Angreifer am Fuße der Mauer. Innerhalb der Burgmauern befindet sich die eigentliche Burg, bestehend aus dem Palas, einem langgestreckten, zweigeschossigen Bau, in dessen Untergeschoss die Wirtschafts- und Vorratsräume untergebracht waren, während sich im Obergeschoss der Saal mit angrenzenden Wohnräumen (Kemenaten und Gaden) befand. Bei größeren Burgen gab es weitere Wohn- und Wirtschaftsgebäude, die sich um den gepflasterten Hof anordneten. Fast jede Burg beherbergte in ihren Mauern eine Burgkapelle. Falls der Platz dazu nicht reichte, gab es im Saal eine Altarnische, die sich von außen durch einen Erker zu erkennen gab. Viele Burgen verfügten über eigene Brunnen. Andernfalls wurde das Wasser in Zisternen gesammelt, denn der Wasservorrat war letztendlich für das Überleben der Burgbewohner im Belagerungsfall entscheidend.

Der Bergfried, ein runder oder polygonaler Turm mit einem Durchmesser von 8 bis 13 m und einer Höhe von bis zu 30 m stand in der Regel frei im Burghof. Seine Mauern waren gewöhnlich 2 bis 5 m dick und mit Schießscharten versehen. Im Inneren befanden sich mehrere Stockwerke, die über enge Steintreppen oder Holzstiegen zu erreichen waren und als Notunterkünfte dienen konnten. Die oberste Geschossebene war häufig überkragend und mit einem Zinnenkranz umwehrt, von dem aus Angreifer beschossen wurden. Neben der Funktion als Verteidigungsbastion gestattete der Bergfried darüber hinaus einen weiten Blick in das Umland, so dass herannahende Feinde frühzeitig erkannt werden konnten. Nicht selten war er die letzte Zufluchtstätte der Bewohner, wenn die Burg bereits eingenommen war. Der Zugang zum Bergfried erfolgte über eine einziehbare Leiter durch eine Maueröffnung im ersten Obergeschoss, die mit einer gepanzerten Tür verschlossen wurde. In dem darunter liegenden fensterlosen Untergeschoss befand sich das Burgverlies, aus dem für den Gefangenen ein Entkommen praktisch unmöglich war.

Besondere Sicherheitsmaßnahmen erforderte der Zugang zur Burg. Dieser war meist als Turm- oder Torhaus mit Pechnasen und Gusserkern ausgebildet und nur über eine Zugbrücke, die häufig einen Wassergraben überspannte, zu erreichen. Fallgitter und ein Vorwerk (Barbakane) erschwerten den Zugang.

Bei größeren Burganlagen wurde zum verstärkten Schutz eine zweite Ringmauer gelegt. Den Zwischenraum zwischen den beiden Mauerringen nennt man Zwinger, in dem ein bereits eingedrungener Feind auf beengtem Raum leichter von oben zu bekämpfen war. In den meisten Fällen befindet sich innerhalb des Zwingers die Vorburg. Diese umfasst Wirtschafts- und Vorratsgebäude, die meist im Rechteck um einen gepflasterten Hof angeordnet sind.

Die Ritterburgen des Hoch- und Spätmittelalters, zugleich Herrschaftssymbole der Territorialherren, waren Wohnburgen, in denen Könige, Herzoge und Grafen nebst ihren geadelten Rittern, und deren Familien sowie dem gemeinen Gesinde einschließlich der Kriegsknechte lebten. Das Leben auf diesen Burgen war nun keineswegs komfortabel, wie es die respektablen Bauwerke vermuten lassen. Bis etwa 1200 waren Öfen nicht im Gebrauch, und Fensterglas wurde erst ab 1300 verwendet. Vom Herbst bis zum Frühjahr war es daher düster und kalt in den Gemäuern. Einzige Wärmequelle waren die Haustiere, also Schweine, Ziegen, Hunde und Federvieh. Mit den hygienischen Verhältnissen stand es ebenfalls nicht zum besten. Zu der Plage mit dem Ungeziefer der Haustiere kam, dass es keine sanitären Einrichtungen im heutigen Sinne gab. Zwar wiesen einige Burgen Aborterker auf, oder man verwendete tragbare Holzkisten als Toilette. Dennoch landeten die Fäkalien zumeist innerhalb der Ringmauer am Fuße der Burg. Man mag sich heute wundern, dass das Wissen um die zivilisatorischen Errungenschaften der Römer nicht zu den Germanen und der Adelsgesellschaft des Heiligen Römischen Reiches Deutscher Nation durchgedrungen ist. Nicht zu Unrecht spricht man auch aus diesem Grund vom finsteren Mittelalter.

Erst mit der Verwendung von Öfen und dem Einbau von Fensterglas in den Burgräumen verbesserten sich die Wohnverhältnisse. Die Haustiere wurden in Stallungen der Nebengebäude untergebracht, wodurch der Wohnraum ausgedehnt werden konnte. Dennoch hatte sich an den kärglichen Lebensumständen nichts geändert. Trotz gemauerter Abzüge waren die Küchen verräuchert, und von den offenen Feuerstellen ging eine erhöhte Brandgefahr aus. Die Ruß geschwärzten Räume waren nur spärlich mit Möbeln bestückt. Man aß an einfachen Holztischen, saß auf harten Bänken und schlief meist zu mehreren Personen auf Strohliegen. Die wenigen Kleidungsstücke wurden in einfachen Truhen aufbewahrt, im übrigen waren die Räume kahl, so dass keine Behaglichkeit aufkommen konnte.

Mit der Erfindung des Schießpulvers im 14. Jahrhundert mussten die Burgen der neuen Kriegstechnik angepasst werden. Die Bollwerke wie Mauern, Zinnen, Wehrgänge und Torhäuser wurden verstärkt. Gleiches galt für die Stadtbefestigungen. Man ersann neue Verteidigungstechniken. Doch mit weiter fortschreitender Kriegstechnik verloren die Burgen im 17. Jahrhundert ihren militärischen Wert als Verteidigungsbauwerk. Als es möglich wurde, mit Kanonen Festungsmauern aus der Distanz niederzureißen, wurden die Burgen aufgegeben, weil sie keinen ausreichenden Schutz mehr boten. Das Wohnen in düsteren Räumen hinter dicken Mauern ohne Komfort entsprach auch nicht mehr dem Zeitgeist. Man baute sich Schlösser nach ästhetischen Gesichtspunkten ohne auf wehrtechnische Aspekte Rücksicht nehmen zu müssen.

Die Epoche der Schlösser

Während die Burg als Rittersitz vorrangig der Verteidigung und Sicherung des Territoriums gedient hat, waren die in der Renaissancezeit aufkommenden Schlösser und Adelssitze repräsentative Wohnsitze der Adelsschicht und Ausdruck des gesteigerten Selbstbewusstseins der Renaissancefürsten.

Die ersten Schlossbauten des 15. und 16. Jahrhunderts lehnten sich architektonisch noch stark an die Höhenburgen des Hochmittelalters an. Da aber der wehrtechnische Aspekt keine Rolle mehr spielte, konnten die Wandstärken der neuen Bauten deutlich zurückgenommen werden. Statt aus schmalen Schießscharten durchflutete jetzt aus großflächigen Fenstern helles Licht die Räume und Säle. Die Fassaden wurden mit Erkern und Giebeln ausgestaltet. Über den First ragten zahlreiche kunstvoll gestaltete Schornsteine, und die großen Dachflächen waren mit Gauben und Zwerchhäusern besetzt. Die Spitzgiebel waren oft als gotische Stufengiebel ausgebildet und mit seitlichen Kragsteinen versehen, auf deren Stufen sich halbkreisförmige Maueraufsätze im Dekor von Muscheln oder Palmetten befanden. Durch umlaufende Ziergesimse und Lisenen wurden die Fensterfronten gegliedert. Die Türen und Tore wurden zu wappengeschmückten Portalen mit Tympanon und Ädikula ausgestaltet. Natürlich war das Schloss von einem weitläufigen Park umgeben. Nicht selten führte eine Platanen- oder Kastanienallee auf das prächtige Torhaus der Vorburg zu.

Ein Beispiel für diesen Schlosstyp im Emscherraum ist Schloss Horst in Gelsenkirchen, das als eines der bedeutendsten Renaissanceschlösser im norddeutschen Raum gilt. Von der einstigen Pracht zeugen heute allerdings nur noch die Fassade sowie einige Räume des Nordflügels mit den reich verzierten Kaminen.

Im Laufe der Jahrhunderte hatte sich in Deutschland ein feines Raster von souveränen Besitzungen (Kleinstaaten) herausgebildet, das sich auf der Landkarte wie ein bunter Flickenteppich ausnahm. Die Adelsgesellschaft gliederte sich in eine strenge hierarchische Ordnung, an deren Spitze der Kaiser stand. Es folgten die Könige, z.B. von Bayern, Preußen und Sachsen, die Großherzöge, Herzöge, Fürsten, Grafen, Barone (Freiherren) und der einfache Landadel, der durch das „von" gekennzeichnet ist. Sie alle, auch die Kirchenfürsten wie Erzbischöfe und Bischöfe ließen sich prächtige Residenzen sowie Jagd- und Lustschlösser bauen. Erst mit der Säkularisierung (1802/1803) und der Abschaffung des Adelsstandes durch die Weimarer Verfassung (1919) ist der politische Flickenteppich von der Landkarte verschwunden. Der Adelstitel ist seitdem lediglich Bestandteil des Namens und kann nicht mehr verliehen werden, wie etwa heute noch in England. Geblieben sind uns aber die zahlreichen Burgen, Schlösser und Herrensitze.

Dem, der heute vor einem solchen Bauwerk aus vergangener Zeit steht, kommen vermutlich vielerlei Gedanken. Er wird versuchen, sich in die Entstehungszeit zurückzuversetzen, sich fragen, wie die Menschen damals gelebt haben, was sie gedacht und gefühlt haben, welche Ängste und Probleme sie hatten.

Wer mit sozialkritischem Blick einem solchen Gemäuer gegenübersteht und zunächst an Unterdrükkung, Ausbeutung und Leibeigenschaft denkt, was natürlich nicht wegzudiskutieren ist, der sollte aber auch bedenken, dass die einstigen Besitzer, die Adelsschicht, zugleich die Kulturträger jener Zeit waren. Einhergehend mit einer ungeheuren Prachtentfaltung der Landesfürsten, die sich in der Errichtung immer weiterer Schlösser und Parkanlagen neben dem eigentlichen Stammsitz offenbarte und ausschließlich dem eigenen Renommée diente, gehörte es ebenfalls dazu, ein eigenes Hoftheater, eine eigene Hofkapelle zu unterhalten. Dies ist auch der Grund, warum es in Deutschland so viele Theater und Opernhäuser gibt. Diese vielen großen und kleinen Residenzen waren das Zentrum des kulturellen Lebens. Viele der Landesfürsten holten berühmte Künstler ihrer Zeit an ihre Höfe oder vergaben Auftragskompositionen an diese. Wer denkt nicht sogleich an die Brandenburgischen Konzerte, die Bach als Auftragswerk für Friedrich den Großen komponierte, oder an die Preußischen Streichquartette von Mozart. Wer verbindet nicht die Musik von Joseph Haydn mit dem Fürstenhaus Esterházy, die Opern Richard Wagners mit König Ludwig II. von Bayern, oder weiß nicht um den Geheimrat des Herzogs Karl August von Weimar, Johann Wolfgang von Goethe, und die Vedutengemälde im Dresdener Zwinger, die Canaletto für August den Starken angefertigt hat. Die höfische Gesellschaft, bestehend aus der Adelsschicht und dem Hofstaat, war die eigentliche Trägerschaft der Kultur. So pflegte auch der Landadel auf seinen Burgen, Schlössern und Herrensitzen ein mitunter beachtliches Kulturleben. Diese Tradition wird heute auf vielen dieser Herrensitze, die sich in öffentlichen Händen befinden, in Form von Schlosskonzerten, Ausstellungen, Autorenlesungen usw. fortgesetzt. Andere Burgen und Schlösser dienen als Seniorenheime, Volkshochschulen, Standesämter und Museen. Auch die Großindustrie hat um die Wende vom 19. zum 20. Jahrhundert Herrensitze übernommen, um diese für repräsentative Zwecke oder Direktorenwohnungen zu nutzen.

Heute finden hier Empfänge, Symposien oder Fortbildungsveranstaltungen statt. Der Erhalt dieser Häuser kann somit für die Zukunft als gesichert gelten.

Lüttinghof
Beck
Westerholt
Herten
Berge
Wittringen
Horst
Vondern
Ripshorst
Oberhausen
Borbeck
Styrum
Broich
DORSTEN
MARL
GLADBECK
BOTTROP
GELSEN-
KIRCHEN
BUER
HERTEN
OBER-
HAUSEN
ESSEN
MÜLHEIM
WANNE-
EICKEL
WATTENSCHEID
ALTEN-
ESSEN
STEELE
KRAY
RÜTTEN-
SCHEID
DAHLHAUSEN
LINDEN
BISMARCK
STERKRADE
OSTERFELD
BORBECK
Heisterkamp
Gahlen
Bruch
Östrich
Hardt
Besten
Gartroper Busch
Ekel
Harding-
hausen
Kirchhellen
Grafschaft
Strätereí
Kirchheller
Heide
Neukölln
Grafenwald
Brink
Königs-
hardt
Alsfeld
Klosterhardt
Fuhlen-
brock
Eigen
Rentfort
Overhagen
Schulten-
dorf
Zweckel
Feldhausen
Filmpark
Ulfkotte
Altendorf-
Polsum
Frentrop
Brassert
Lippe
Drewer
Korthausen
Lenker-
beck
Speckhorn
Beising
Bockholt
Kotten
Langen-
bochum
Scherle-
beck
Hochlar
Disteln
Stuken-
busch
Resse
Hassel
Bertlich
Scholven
Erle
Resser
Mark
Hochlar-
mark
Ellinghorst
Brauck
Boy
Beck-
hausen
Unser Fritz
Crange
Baukau
Schalke
Heßler
Karnap
Baten-
brock
Welheim
Lehmkuhle
Vonderort
Ebel
Vogelheim
Dellwig
Feldmark
Bulmke-
Hüllen
Röhling-
hausen
Rott-
hausen
Katernberg
Ücken-
dorf
Günnig-
feld
Hordel
Schonne-
beck
Stoppen-
berg
Frintrop
Gerschede
Bochold
Buschhausen
Neue Mitte
Lirich
Beding-
rade
Dümpten
Alstaden
Styrum
Schöne-
beck
Altendorf
Frohn-
hausen
Winkhausen
Heißen
Holster-
hsn.
Frillendorf
Huttrop
Leithe
Westenfeld
Seving-
hausen
Höntrop
Eppen-
dorf
Munscheid
Freisen-
bruch
Berger-
hausen
Relling-
hausen
Überruhr
Horst
Burg-
altendorf
Speldorf
Broich
Holthausen
Fulerum
Margarethen-
höhe
Stadtwald
Haarzopf
Raadt
Bredeney
Villa Hügel
Baldeneysee
Heisingen
Byfang
Nieder-
wenigern
Baak
Menden
Flughafen Essen/
Mülheim
Thyssen-Krupp
AG
Universität
Zeche
Zollverein
Besucherbergwerk
Hugo/Consolidation
Veba
Oel AG
Bergwerk
Prosper/Haniel
Aluminium-
hütte
Mannesmann
Röhrenwerke
Rhein-Ruhr-
Hafen
Nordstern-
Park
Zoo
Kreuz
Essen Nord
Kreuz
Bottrop
Oberhausener
Kreuz

Schlösserrundfahrt West

In der Schlösserrundfahrt West sind folgende Häuser zusammengefasst:

Burg Vondern, Schloss Oberhausen, Schloss Styrum, Schloss Broich, Schloss Borbeck, Schloss Horst, Schloss Wittringen, Haus Beck und Haus Lüttinghof.

Wenn man es nicht nur auf einen kurzen Fototermin abgesehen hat, sondern auch einen ausführlichen Gang durch die Parks machen möchte, dann empfiehlt es sich, die Tour in zwei Teilabschnitte zu unterteilen: Die erste Tagestour umfasst dann die Häuser **Vondern, Oberhausen, Styrum, Broich** und **Borbeck**, während am zweiten Tag die Häuser **Horst, Wittringen, Beck** und **Lüttinghof** besucht werden. Startpunkt der Westrundfahrt ist Burg **Vondern**.

Die Anreise erfolgt über die A 42 (Emscherschnellweg) Ausfahrt AS 11 Oberhausen Neue Mitte. Diese mündet auf die Osterfelder Straße, auf welcher man nach Norden in Richtung Osterfeld fährt. Nach etwa 200 m, kurz vor der Eisenbahnunterführung, ist Burg Vondern (braunes Schild) ausgeschildert. Man fährt rechts ab in die Arminstraße, vorbei an einer historisch interessanten Bergmannssiedlung, die von einer Platanenallee gesäumt wird. Kaum hat man das letzte Haus auf der linken Straßenseite passiert, springt dem Besucher unerwartet die Silhouette der imposanten Burganlage ins Auge, die sich in einer teichartigen Erweiterung der ehemaligen Gräfte spiegelt. Wer hätte an diesem abgelegenen Ort, am Nordrand der Industriestadt Oberhausen, eine so gut erhaltene Burganlage erwartet? Nach weiteren 150 m befindet sich rechter Hand ein Parkplatz, der meist frei ist.

Burg Vondern

Burg Vondern wird im 13. Jahrhundert als Wohnsitz von Gerhard de Vondere, einem Dienstmann des Grafen von Kleve, erstmals erwähnt. 1520 wurde die ursprüngliche Anlage durch Wessel von Loe zu einer wehrhaften Trutzburg umgebaut. Imposant sind die beiden wuchtigen Rundtürme mit schiefergedeckten Kegeldächern, die über niedrigere Zwischenbauten mit dem mächtigen Torgebäude verbunden sind. An diesen angelehnt befindet sich ein polygonaler Treppenturm mit Zeltdach. In diesem führt eine Wendeltreppe hinauf zum Wehrgang, der sich über die gesamte Gebäudefront der Vorburg erstreckt. Wie noch zu erkennen ist, setzte dieser sich früher auch nach Süden hin über den Bereich des im 19. Jahrhundert errichteten Wirtschaftstraktes fort. Auch auf der Nordseite des gepflasterten Burghofes lassen sich Fundamente nachweisen, die ebenfalls auf einen Wehrgang hinweisen. Sehr dekorativ ist das spitzbogige Eingangsportal mit Fries und den beiden Türmen mit Kegeldach sowie dem Wappen. Auf den alten Fundamenten, über dem Kellergeschoss der mittelalterlichen Wohnburg, das heute wieder zu besichtigen ist, wurde im 17. Jh. das barocke Herrenhaus errichtet. Der schlichte zweigeschossige Rechteckbau mit Walmdach und zwei polygonalen Seitenerkern stand ursprünglich auf einer eigenen Insel und ist von der Vorburg aus über eine steinerne Bogenbrücke mit hohen Sandsteinpfeilern zu erreichen. Wenngleich die Wassergräben weitgehend ausgetrocknet sind, ist der Charakter der wehrhaften Wasserburg noch gut erhalten.

Die stark verfallene Anlage wurde nach dem Krieg vom Grafen Droste Vischering-Nesselrode der Stadt Oberhausen überlassen und ist seit 1982 durch einen Förderkreis restauriert worden. Heute finden in dem großen Saal des Untergeschosses Kammerkonzerte und gesellschaftliche Veranstaltungen statt.

Eine Innen-Besichtigung der Burganlage ist nach vorheriger Anmeldung möglich bei

Herrn Reinhard Lerch
Tel. 02 08 / 89 34 15

Eine Parkanlage ist nicht vorhanden. Man kann jedoch einen kleinen Rundweg um die Burganlage zurück zum Parkplatz machen.

Adresse: Oberhausen-Vondern, Arminstraße

Weiter geht es nach Schloss Oberhausen. Hierzu fährt man zurück auf die A 42 in Richtung Oberhausen. Schon mit der nächsten Ausfahrt, es ist die Nr. 10 (OB Zentrum), verlässt man die Autobahn. Die Ausfahrt mündet (große Ampelkreuzung) in die Konrad-Adenauer-Allee (B 223), die man in Richtung Stadtmitte fährt. Nach etwa 200 m sieht man rechter Hand das Schloss. Parkplätze befinden sich rechts neben dem Hauptgebäude.

Schloss Oberhausen

Schloss Oberhausen wurde als eines der letzten Schlossbauten im bürgerlichen 19. Jahrhundert" von dem bekannten Münsteraner Architekten August Reinking in den Jahren 1808-14 für die Grafen von Westerholt unweit des ehemaligen „Hauses Overhus" erbaut. Dieses, an einem Emscherübergang gelegen, im 14. Jahrhundert als klevisches Lehen erwähnt, wurde jedoch im 18. Jahrhundert aufgegeben.

Das zweigeschossige, rosa getünchte Herrenhaus, dessen Mittelrisalit sich durch ein attika-artiges Halbgeschoß mit steinerner Balustrade auszeichnet, öffnet sich mit seinen Seitenflügeln zur Gartenseite hin und umschließt eine kleine hufeisenförmige Terrasse. Hinter dem Herrenhaus befindet sich der Wirtschaftshof mit abgerundeten Verbindungsstücken.

Die Gebäude wurden im zweiten Weltkrieg schwer zerstört. Der Wiederaufbau durch die Stadt Oberhausen, die seit 1911 Eigentümerin des Schlosses ist, erfolgte mit großzügiger Unterstützung seitens der Gutehoffnungshütte in den Jahren 1958 bis 1960 unter Einhaltung der alten Umrisse. Zwischen den Seitenflügeln des Hauptgebäudes wurde allerdings nachträglich ein Glaskubus eingefügt, der Firsthöhe erreicht und die Terassen mit dem Eingang überdacht. In seinen Scheiben kommt es zu bizarren Spiegelungen.

Das Schloss beherbergt heute die städtische Kunstgalerie mit Gemälden, Plastiken und Glasarbeiten aus dem 20. Jahrhundert, ferner das Ludwig Institut für Kunst der DDR, eine Gedenkhalle, sowie das Stadtarchiv.
Vor dem Schloss befinden sich zwei interessante Skulpturen aus dem Ende des 20. Jahrhunderts.

Adresse:
Oberhausen-Sterkrade
Sterkrader Straße 46

Hinter dem Schloss schließt sich nach Westen der Kaisergarten, ein 28 Hektar großer Volkspark mit altem Baumbestand an, in dem ein Tiergehege mit heimischen und europäischen Tierarten untergebracht ist. Für die Kleinen gibt es darüber hinaus einen Kuscheltierzoo mit der Möglichkeit zum Ponyreiten. Am Teich lässt es sich bei Erfrischungen aus dem Getränkepavillon auf Parkbänken verschnaufen. Einen Blick in den Kräutergarten sollte man nicht versäumen, ehe man entlang des Wassergrabens wieder zum Ausgangspunkt zurückkehrt.

Von manchen Wegen aus sieht man unvermittelt Frachtschiffe auf dem Rhein-Herne-Kanal lautlos „durch die Landschaft" gleiten.

Auf der anderen Straßenseite, gegenüber von Schloss Oberhausen, liegt der weithin sichtbare, 90 Meter hohe Gasometer, der inzwischen durch seine herausragenden Ausstellungen in den Sommermonaten bekannt ist. Empfehlenswert ist eine Fahrt mit dem Lift auf die Besucherplattform, von wo aus man bei klarer Sicht den Blick weit ins Ruhrgebiet und in die niederrheinische Auenlandschaft schweifen lassen kann.

Der Abstieg über die Eisenleiter ist zwar bequem, doch der Blick in die Tiefe lässt bei manch einem ein ungutes Schwindelgefühl aufkommen.

Weiter geht es quer durch Oberhausen nach Schloss Styrum. Man bleibt weiterhin auf der Konrad-Adenauer-Allee, deren geradlinige Verlängerung in Mülheimer Straße umbenannt ist und nach Überquerung der Autobahn (A 40) Oberhausener Straße heißt. Rechter Hand sieht man den Bahnhof Mülheim-Styrum liegen. Nach weiteren etwa 800 m unterquert man die Eisenbahnlinie, die im rechten Winkel auf die Friedrich-Ebert-Straße stößt. Hier rechts abbiegen und nach wenigen Metern links in die Moritzstraße fahren. Nach ein paar hundert Metern findet sich ein Schild zum Parkplatz „Aquarius". Von dort aus gelangt man zum Schloss Styrum.

Schloss Styrum

Schloss Styrum wurde 1289 als befestigtes Hofgut von Graf Dietrich I. und seinem Sohn Eberhard I. von Limburg-Styrum erbaut, nachdem schon um 800 ein gleichnamiger Oberhof als der Abtei zinspflichtig erwähnt ist. Im 14. und 15. Jahrhundert wurde die Anlage erweitert und schließlich durch den Grafen Hermann Georg zu Limburg 1658 zu einem barocken Schloss umgebaut. Das Herrenhaus, in dessen Obergeschoss sich der Rittersaal befand, erhielt einen sechseckigen Turm mit geschweifter Haube, der auch heute noch dem Schloss sein Gepräge verleiht. An der westlichen Umfassungsmauer erhebt sich ein dreigeschossiger Turm, der noch mittelalterliche Baureste enthält. In dem Torhaus, an dem die Ehewappen des Erbauers sichtbar sind, befand sich die Schlosskapelle. 1890 wurde das stark verfallene

Schloss von August Thyssen erworben und unter erheblichen Eingriffen in die Bausubstanz als Wohnsitz für seine Generaldirektoren umgestaltet, wodurch das Ambiente des alten Barockschlosses nur mehr erahnt werden kann.

Seit 1959 ist es als Stiftung im Besitz der Stadt Mülheim und dient als Altentagesstätte und Künstleratelier.

Adresse: Mülheim-Styrum, Moritzstraße 102

Für Besucher mit Fahrrädern bietet sich eine Fahrt durch die Ruhrauen an. Der Fahrradweg führt bis zum Schloss Broich, so dass sich für Radfahrer die Besichtigung der beiden Schlösser bequem verbinden lässt. Hinweisschilder machen auf Besonderheiten am Wegesrand aufmerksam.

Der kleine Park, als Barockgarten gestaltet, ist schnell durchschritten. Man sollte aber während der Vegetationsperiode einen Besuch des idyllischen botanischen Gartens, der auf engstem Raum Themengärten, z.B. Strauchgarten, Blättergarten, Wiesengarten zeigt, nicht versäumen.

Hübsch anzusehen sind auch die Skulpturen im Park sowie das Wasserspiel vor der Restaurantterrasse mit Biergarten.

Lohnend ist auch ein Besuch des Wassermuseums „Aquarius“, das in einem ehemaligen Wasserturm aus der 2. Hälfte des 19. Jahrhunderts untergebracht ist. Mit dem Fahrstuhl gelangt man in den Kopf des Turmes, von wo aus sich der Blick ins Ruhrtal weitet. Der Weg hinunter führt an zahlreichen Schaukästen vorbei, in denen die technischen und klimatischen Zusammenhänge unserer Wasserwirtschaft anschaulich dargestellt sind und durch Computersimulationen experimentell erfahrbar werden.

Weiter geht es nach Schloss Broich, das am Rande des Stadtkerns von Mülheim/Ruhr liegt. Hierzu fährt man den gleichen Weg bis zur Friedrich-Ebert-Straße zurück und folgt der B 223 Richtung Stadtmitte etwa 1,5 km bis zu einer großen Ampelkreuzung. Hier rechts über die Ruhr in die Konrad-Adenauer-Straße Richtung Duisburg abbiegen. Nach 400 m links in die Bergstraße einbiegen und der Beschilderung „Schloss Broich“ folgen. Es sind zwei Parkplätze am „Ringlokschuppen“ ausgeschildert, von wo aus man zum Schloss gelangt.

Schloss Broich

Schloss Broich geht auf eine spätkarolingische Wehranlage zurück und wurde 883/84 als Bollwerk an der linken Ruhrseite gegen die Normannen ausgebaut, was durch die Freilegung der Fundamente der karolingischen Burg historisch nachgewiesen werden konnte.

Die erste Erwähnung der Herren von Broich geht auf das Jahr 1093 zurück. In den folgenden Jahrhunderten war die Burganlage oft umkämpft und wechselte mehrfach ihre Besitzer. 1188 erwarb der Erzbischof von Köln Rechte an der Burg. Er ließ die Burg durch Einbeziehung von Teilen der karolingischen Anlage zu einer Festung ausbauen und mit einer kreisförmigen Ringmauer mit einem Durchmesser von 45 m umgeben.

Durch Erbschaft fiel die Burg dann an das Haus Limburg. Dietrich Graf von Limburg ließ gegen Ende des 14. Jahrhunderts den Palas im gotischen Stil errichten, dessen Fertigstellung sich jedoch bis 1789 hinzog.

Im 14. und 15. Jahrhundert als Lehen noch zwischen Kurköln und Berg umstritten, war es schließlich nur noch Lehen von Haus Berg. In dieser Zeit war Schloss Broich häufig in kriegerische Auseinandersetzungen verwickelt und wurde 1443 von kurkölnischen Soldaten zerstört.

Es folgten 1508 die Herren von Daun-Falkenstein. 1798 wurde Schloss Broich abermals eingenommen, dieses Mal von den Spaniern, die trotz Zusicherung für Leib und Seele die Bewohner heimtückisch ermordeten. Unter Ihnen befand sich auch der Schlossherr Wirich IV.

Unter Wilhelm Wirich von Daun-Falkenstein entstand 1648 der Torbau des dreigeschossigen Hochschlosses in Bruchstein mit rückseitigem Fachwerkausbau und balkonartiger Galerie.

1682 ging Schloss Broich in die Hände der Grafen von Leiningen und 1766 die der Landgrafen von Hessen über.

1838 erwarb die Stadt Mülheim die historische Schlossanlage. Aufgrund von Ausgrabungen in den Jahren 1965-69 durch das Rheinische Landesmuseum Bonn unter Günter Binding wurde der karolingische Kern der Burg freigelegt. Nach umfangreichen Restaurierungsarbeiten sind heute die Volkshochschule und der Heimatverein im Schloss untergebracht.

Eine Innenbesichtigung des Schlosses und der Ausgrabungsstätte ist nach vorheriger Anmeldung beim Kommunikationsamt Mülheim, Herrn Rehmann, möglich. Tel.: 02 08 / 4 55 17 40

Adresse: Mülheim-Zentrum, Am Schloss Broich 28

In unmittelbarer Nachbarschaft von Schloss Broich wurde für die Landesgartenschau -1992- auf dem Gelände des ehemaligen Straßenbahndepots der Schlosspark Broich (Darlingtonpark) angelegt, dem man auf jeden Fall einen kurzen Besuch abstatten sollte. Neben Spiel- und Freizeitflächen erfreut besonders der botanische Garten mit verwunschenen Wasserflächen, die sich hinter Bambus und Gräsern verbergen. Schön ist es, abseits vom Verkehrslärm durch umrankte Laubengänge, vorbei an den sommerlichen Rosenrabatten zu wandeln. Lohnenswert auch ein Besuch der „Camera Obscura", ein außergewöhnliches Fotomuseum, das im Broicher Wasserturm aus dem 19. Jahrhundert auf dem Parkgelände untergebracht ist. Und zum Schluss bieten zwei Restaurants alles für den Durst und den kleinen Appetit.

Wer Zeit hat und für diesen Tag auf die Besichtigung weiterer Schlösser verzichtet, sollte einen Abstecher zum Wasserbahnhof an der Ruhr (etwa 5 Gehminuten) machen. Von dort aus kann man mit der „Weißen Flotte" eine Bootsfahrt auf der Ruhr nach Kettwig (etwa 1 Stunde Fahrzeit) zu einem Bummel durch die Altstadt machen und gegebenenfalls mit dem Ausflugsdampfer weiter (umsteigen) nach Essen-Werden fahren. Auch hier muss die Bootsfahrt noch nicht zu Ende gehen. Denn auf dem Baldeneysee kann man eine zwei-stündige Rundfahrt sich anschließen lassen, was dann aber endgültig den Rahmen einer Schlössertour sprengen würde.

Weiter geht es nach Schloss Borbeck in Essen. Hierzu fährt man von Schloss Broich über die Ruhr den gleichen Weg zurück bis zur großen Ampelkreuzung. Dort biegt man in die Aktienstraße, der Beschilderung Richtung Essen folgend, ein und folgt dieser (etwa 5 km) über die A 40 (Ruhrschnellweg) hinweg bis zum Ende durch. Diese stößt im rechten Winkel auf die Frintroper Straße (B 231). Hier nach rechts abbiegen und nach 400 m nach links in die Fürstenbergstraße abbiegen, die in die Schlossstraße einmündet. Linker Hand liegt das Schloss. Einige Parkplätze sind am Schloss vorhanden.

Schloss Borbeck

Schloss Borbeck, einstiger Oberhof der Ritter von Borbeck, gelangte 1227 in den Besitz des Stiftes Essen. 1665 verlegte die Fürstäbtissin ihre Residenz in das am Ende des 16. Jahrhunderts erbaute barocke Herrenhaus, das 1744 durch die Umbauten der Fürstäbtissin Franziska Christine sein heutiges Aussehen erlangte.

Nach der Säkularisierung im Jahre 1803 wurde es von den Reichsfreiherren von Fürstenberg übernommen und befindet sich seit 1941 im Besitz der Stadt Essen. Seit 1980 beherbergt es ein selbstverwaltetes Bürger- und Kulturzentrum sowie das Standesamt Borbeck.

Das Herrenhaus, ein dreigeschossiger verputzter Rechteckbau mit Schweifgiebeln, wird von zwei quadratischen Türmen mit geschweifter Haube flankiert. Eine steinerne Brücke mit der Jahreszahl 1744 führt zu dem mit dem Essener Wappen geschmückten Hauptportal. Das benachbarte, schlossartige Wirtschaftsgebäude, ein dreigeschossiger, klassizistischer Putzbau mit Mittelgiebel und niedrigeren Seitenflügeln, entstand 1842. Der eingebaute Bruchsteinturm stammt aus der mittelalterlichen Vorburg.

Die im Giebelfeld eingemauerten, stark zerstörten Renaissance-Köpfe wurden der Bauplastik von Schloss Horst entnommen, ebenso das schmiede-eiserne Gitter aus dem 17. Jahrhundert im Toreingang zum Landschaftspark, das 1864 von Schloss Hugenpoet (Essen-Kettwig) übernommen und in Borbeck aufgestellt wurde.

Adresse: Essen-Borbeck, Schlossstr. 101-103

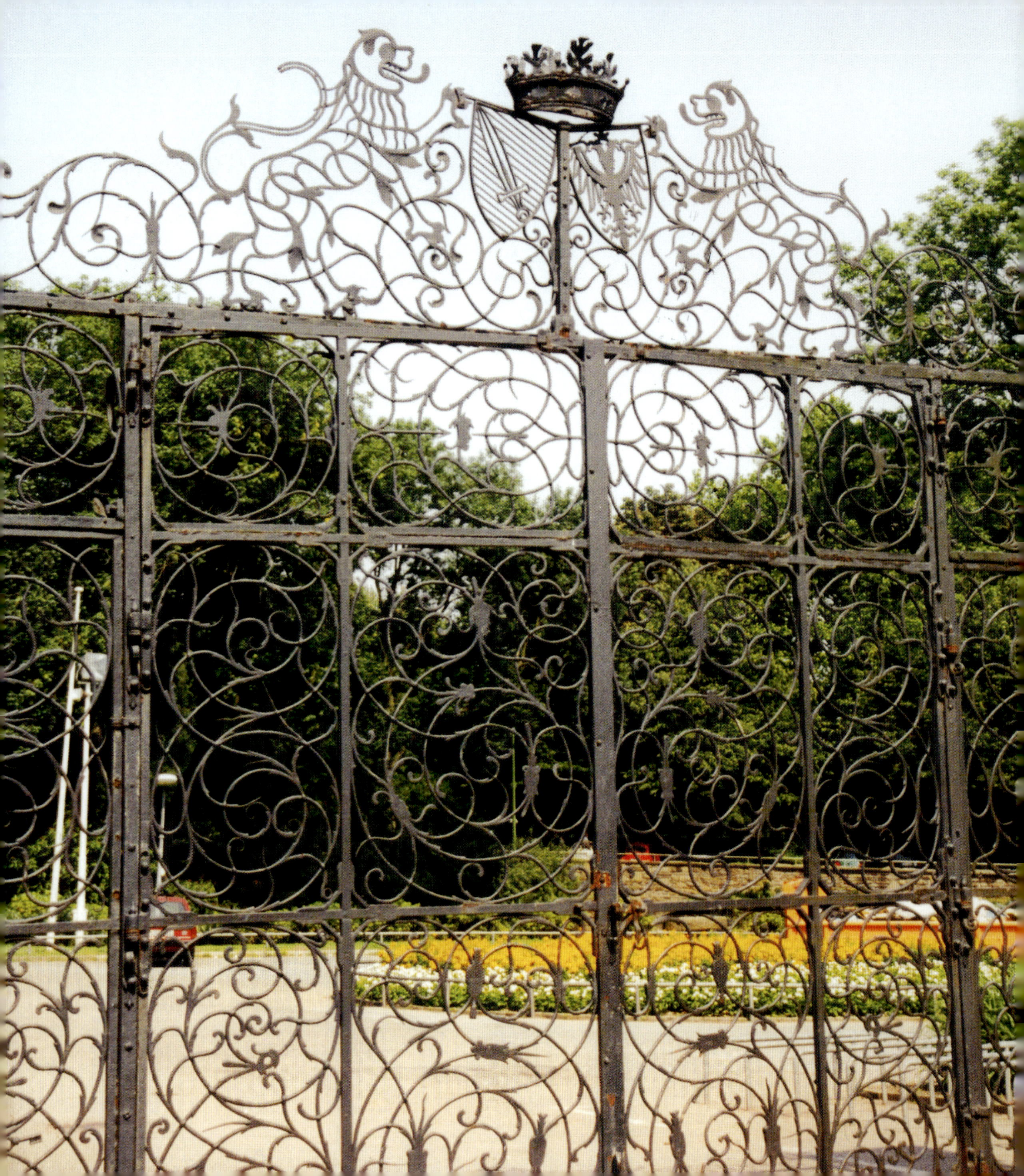

Hinter dem Schloss schließt sich ein 42 ha großer Park mit altem Baumbestand an. Auf verschlungenen Waldwegen gelangt man zu einer Quelle, die über einen schmalen Bachlauf die Gräfte speist. Zwei Teiche beleben das Landschaftsbild. Eine große Rasenfläche im Eingangsbereich lädt zum Ballspiel ein, während im Sommer am Waldessaum die Parkbesucher den Schatten suchen. Für Kaffee, Kuchen und Erfrischungsgetränke sorgt ein Restaurant.

Weiter geht es nach Schloss Horst in Gelsenkirchen. Hierzu kehren wir auf die Frintroper Straße zurück und biegen jetzt nach links Richtung Essen Stadtmitte ab. Nach etwa 4 km stößt diese auf die Hans-Böckler-Straße (B 224), der wir in Richtung Dorsten folgen. Nach etwa 5 km zweigt rechts an einer Ampelkreuzung die Horster Straße Richtung Gelsenkirchen ab. Dieser folgen wir, bis sie als Bottroper Devensstraße nach etwa 3 km auf die Schmalhorststraße stößt. Links abbiegen und an der Ampelkreuzung rechts einbiegen. Man sieht bereits auf der gegenüberliegenden Straßenseite Schloss Horst liegen. Neben dem Schloss gibt es nur wenige Parkplätze. Mehr Parkmöglichkeiten finden sich wenige hundert Meter entfernt an der Trabrennbahn (ausgeschildert).

Schloss Horst

Schloss Horst

Schloss Horst, einst größte vierflügelige Renaissance-Anlage nördlich der Alpen, geht auf Vorgängerbauten aus dem 12. Jahrhundert zurück. Die Baugeschichte des Schlosses aber beginnt erst mit dem Jahr 1556. Nach mehreren vorausgegangenen Bränden, der letzte lag erst zwei Jahre zurück, ließ Rüdiger von Horst zunächst den Bau einer Zweiflügelanlage errichten.. Diese wurde dann, beeinflusst von der französischen Schlossbaukunst, auf eine Vierflügelanlage erweitert und im Jahre 1573 fertiggestellt. Das neue Schloss im Baustil des niederländischen Manierismus, einer Spielart der Renaissance, hatte einen quadratischen Grundriss mit einer Kantenlänge von etwa 50 m. Die Gebäudetrakte waren unterschiedlich hoch. Der Südwest- und der Südostflügel waren nur eingeschossig, um den Innenhof mit Tageslicht zu erhellen. Der noch heute erhaltene Nordostflügel hingegen war dreigeschossig und der Nordwestflügel wiederum nur zweigeschossig. Der Baukörper wurde von vier mächtigen, aus der Fassade vorgeschobenen Ecktürmen beherrscht und war von der Vorburg über eine steinerne Treppe erschlossen. Die Fassaden, von denen nur eine bruchstückhaft erhalten ist, wiesen ein reiches Formenspiel auf. Konsolgesimse, Fenstergewände mit Säulen, üppiges Roll- und Bandwerk sowie verspielte Karyatiden (altgriechische Tempelsäulen in Mädchengestalt) belebten, wie noch heute an dem erhaltenen Trakt zu sehen, die verputzten Wandflächen überschwänglich.

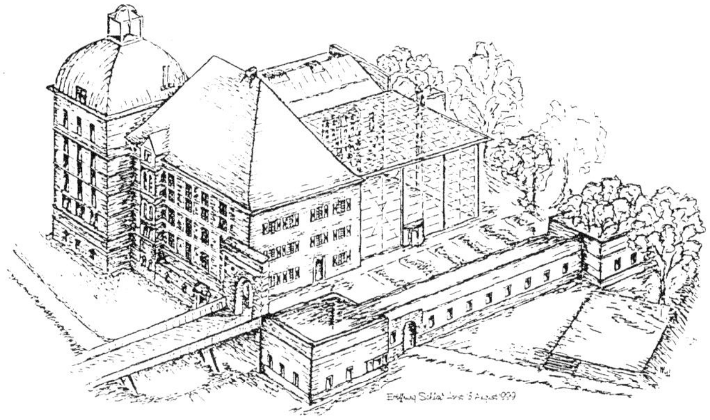

Das neue Schloss wurde damals um die Burgruine herum in der trockengefallenen Gräfte errichtet. Dieser Untergrund sollte sich für die nächsten Jahrhunderte als nicht tragfähig genug erweisen, denn zwischen 1829 und 1852 stürzten Teile des Schlosses ein bzw. mussten abgetragen werden. Der weitere Verfall war nicht aufzuhalten, zumal die Besitzer kein Interesse an dem beklagenswerten Bau zeigten. Dennoch wurde der verbleibende Trakt bis in die 50er Jahre des 20. Jahrhunderts als Kultur- und Gesellschaftszentrum des Stadtteiles Horst genutzt. 1988 schließlich kaufte die Stadt Gelsenkirchen das Schloss, nachdem sich 1985 ein Förderverein zur Erhaltung des Kunstdenkmals gebildet hatte.

Nachdem 1992 ein Architekturwettbewerb ausgeschrieben worden war, den Prof. Jochen Jourdan aus Frankfurt gewonnen hat, wurde 1995 nach sorgfältigen bauarchäologischen Vorbereitungen mit den Bauarbeiten begonnen. Am 13. August 1999 konnte Ministerpräsident Wolfgang Clement den erweiterten Bau seiner Bestimmung als Kultur- und Bürgerzentrum mit Standesamt übergeben.
Es wurde das Konzept verfolgt, den historischen Raumaufbau so weit wie möglich zu erhalten und,

wenn erforderlich, durch eine kritische Rekonstruktion zu ergänzen. Der noch vorhandene Nordostflügel wurde saniert und restauriert und um den Neubau des Südostflügels erweitert. Die vorhandenen steinernen Fragmente wurden an ihrem Ursprungsort, jedoch in ergänzende Betonbauelemente eingebettet, so dass die erhaltenen Mosaikbausteine eine Vorstellung von dem einstigen Bauwerk suggerieren. Zum Schutz der alten Bausubstanz wurde ein Glasdach über den einstigen Innenhof gespannt, wodurch ein lichter Raum entstanden ist, der sich ausgezeichnet für Kammerkonzerte und Lesungen, aber auch als Foyer für standesamtliche Hochzeiten eignet. In dem modernen Seitenflügel befindet sich ein interessantes Museum, in dem eine Sammlung bauplastischen Schmuckes, der sogenannte „Steinerne Schatz", ausgestellt ist. Die Bedeutung dieser Sammlung erschließt sich dem interessierten Betrachter am ehesten durch eine fachkundige Führung (Tel. 02 09 /1 69-91 02).

Die wertvollen Prunkkamine wurden, soweit sie sich in anderen Häusern befanden, nach Schloss Horst zurückgeholt und können im mächtigen Kellergewölbe besichtigt werden. Besonders erwähnenswert ist neben dem Kain- und Abelkamin der „Auferstehungskamin", möglicher Weise eine Arbeit von Heinrich Vernukken.

Adresse: Gelsenkirchen-Horst, An der Rennbahn

Ein Schlosspark ist nicht vorhanden. Das kleine Gehölz lohnt keinen Spaziergang, es sei denn, Sie wollen einen Blick auf die Galopprennbahn werfen. Das Schloss verfügt über ein Restaurant für gehobene Ansprüche.

Weiter geht es nach Schloss Wittringen in Gladbeck. Hierzu fahren wir auf der Schmalhorststraße weiter, bis diese im rechten Winkel auf den Kärntener Ring stößt. An dieser Ampelkreuzung nach links abbiegen und der Horster Straße etwa 4 km folgen, bis diese auf die B 224 stößt. An der Ampel nach links in Richtung Essen/ Autobahn abbiegen. Nach etwa 500 m zweigt rechts eine kleine Straße mit Ausschilderung " Schloss Wittringen" ab. Die Parkplätze vor dem Schloss wurden beseitigt. Stattdessen wurde an der Zufahrtstraße 300 m zuvor ein großer Parkplatz eingerichtet.

Schloss Wittringen

Schloss Wittringen wurde 1263 erstmals als Rittersitz des Ludolfus de Wittringe erwähnt. Von der alten Burganlage ist nur wenig erhalten. Vermutlich befand sich auf der kleineren der beiden Inseln, der heutigen Vogelinsel, eine Motte als erste befestigte Anlage. Bei Ausgrabungen konnten auf der größeren Insel starke Wehrmauern der Vorburg nachgewiesen werden. Hier hat es offenbar ein Herrenhaus und weitere Gebäude gegeben, die jedoch 1642 während des 30jährigen Krieges vollständig zerstört wurden. Aus alten Unterlagen des Schlossarchivs von Hugenpoet gelang es jedoch, die frühere Gestalt dieser alten Anlage zu rekonstruieren. Auf den vermutlich noch vorhandenen Fundamenten und Pfahlrosten wurde dann ein zweistöckiges Herrenhaus im Fachwerk errichtet, dem sich 1761 ein Pächterhaus anschloss. Der Ostflügel mit dem Torhaus wurde 1706 erneuert und ist das einzige erhaltene alte Bauwerk. Über dem Torbogen befindet sich unter einer Ädicula ein Wappenstein.

Nachdem 1922 die Stadt Gladbeck die stark verfallene Anlage übernommen hatte, wurden die vorhandenen alten Gebäudeteile einem umfangreichen Sanierungsprogramm unterworfen und von Grund auf restauriert. Um das Erscheinungsbild eines Wasserschlosses wieder erstehen zu lassen, wurde an der Ostseite ein facettenreiches Herrenhaus mit Arkaden und Erkertürmchen im Stil des Historismus neu errichtet. In diesem wurde ein gepflegtes Restaurant mit thematisch gestalteten Räumen eingerichtet. Im Obergeschoss befindet sich der Gildesaal, der auch für größere Veranstaltungen genügend Platz bietet.

Im Fachwerkhaus ist das Museum der Stadt Gladbeck untergebracht, welches interessante Exponate zur Geschichte von Stadt und Burg zeigt. Interessant sind auch das Aquarium und die Volieren auf der Vogelinsel.

Adresse: Gladbeck
Freizeitstätte Wittringen,
Burgstraße 64

Der Schlosspark hat mit seinem vielfältigen Freizeitangebot einen hohen Naherholungswert und erfreut sich demzufolge großer Beliebtheit. Am Eingang zum Schloss befindet sich eine Übersichtstafel, der man die Besonderheiten und Attraktionen des Parks entnehmen kann.

Das Schloss wird von einer Gräfte umflossen, die sich nach Süden zu einer größeren Teichanlage ausweitet. Ein gepflegter Spazierweg führt um die Gesamtanlage herum und gewährt immer wieder unerwartete Ausblicke auf das Schloss. Beim Rundweg um die Brillenteiche trifft man hin und wieder auf Angler, die in stoischer Ruhe auf einen Fang warten. Lebhafter geht es hingegen auf dem Spielplatz zu, der auch für größere Kinder attraktiv sein dürfte.

Im Zentrum des Parks liegt ein weiterer Teich mit Fontäne, an dessen Stirnseite ein offener Rundbau im Arkadenstil ein Kriegerdenkmal aus dem Jahre 1952 für die Gefallenen des 1. und 2. Weltkrieges beherbergt.

Durch den angrenzenden Wittringer Wald mit seinem alten Buchenbestand und herrlichen Grünflächen führen verschlungene Wege und bieten Möglichkeiten zu ausgedehnten Spaziergängen, die auf Wirtschaftswegen in das umliegende Weideland fortgesetzt werden können und auch für kleinere Radtouren lohnend erscheinen. Ein Biergarten am Waldesrand an der Ellinghorster Straße gibt Gelegenheit zum Verschnaufen.

Weiter geht es nach Haus Beck. Dieses liegt zwar außerhalb der Emscherstadt Gladbeck. Da es sich hierbei aber nur um einige hundert Meter handelt, wurde es als eines der wenigen erhaltenen Bauwerke des berühmten Münsterländer Baumeisters Johann Conrad Schlaun im Revier mit aufgenommen.

Wir kehren daher auf die Hauptstraße, die B 224 zurück, biegen nach rechts in Richtung Essen ab und fahren auf die A 2 Richtung Oberhausen. Schon nach zwei Kilometern wechseln wir auf die A 31 Richtung Emden über, nehmen die erste Abfahrt (AS 41, Gladbeck) und wenden uns auf der Landstraße nach rechts in Richtung Greifenberg. Diese fahren wir bis in die Ortsmitte von Kirchhellen, wo die Oberhofstraße (vorher Rentfordstraße) im spitzen Winkel auf die Hauptstraße mündet. Hier rechts abbiegen. Die Feldhauser Straße (Umbenennung) zunächst über die Autobahn A 31, später über die Ampelkreuzung mit der Dorstener Straße hinweg nach Feldhausen und schließlich der Beschilderung „Freizeitpark Schloss Beck" folgen.

Haus Beck

Haus Beck, von Wassergräben und Teichen umgeben, wurde von Johann Conrad Schlaun für Friedrich von der Wenge in den Jahren 1766-77 in der Art des französischen „maison de plaisance“ im klassizistisch überformten Spätbarock erbaut. Nachdem es zwischenzeitlich als Schnapsfabrik „missbraucht“ wurde, gelangte es 1850 in den Besitz der Familie Metternich. 1958 übernahm es die Bergwerksgesellschaft Hibernia. Nach fortschreitendem Verfall wurde es schließlich von einem Privatmann übernommen, der es zum heutigen „Märchenschloss“ mit Freizeitpark ausbaute.

Das zweigeschossige, leuchtend gelb getünchte Herrenhaus trägt ein schiefergedecktes Mansarddach, aus dem die Dachhaube des polygonalen Mittelrisalits, ohne die Firsthöhe zu erreichen, sich erhebt. Die Fensterachsen sind durch Lisenen besonders hervorgehoben. Die Eingangstür wird von gequaderten Pfeilern gerahmt, oberhalb derer sich ein mehrfarbiges Wappen befindet. Über eine zweiarmige Freitreppe gelangt man in ein kreisrundes Vestibül, um das sich alle Räume des Unter- und Obergeschosses symmetrisch anordnen. Wenngleich in den Räumen die verschiedensten Märchenfiguren lautstark ihr Unwesen treiben (s. u.) - hierzulande würde man sagen, „der Bär ist los“ -, lassen die reichverzierten Stuckdecken aller Räume die ursprüngliche Noblesse des Hauses erkennen.

Die ebenfalls symmetrisch angeordneten Nebengebäude umschließen einen rechteckigen Hof, auf den man über eine Brücke durch das Torhaus mit schmiedeeisernem Tor gelangt.

Die Besichtigung des Schlosses ist nur im Rahmen eines Besuches des „Märchenschlosses“ möglich. Ein großer Parkplatz (gebührenpflichtig) ist vorhanden.

Adresse: Bottrop-Feldhausen, Am Dornbusch 39

Haus Beck wird als Märchenschloss genutzt und ist besonders in der Ferienzeit mit quirligem Leben erfüllt. Auch in dem angrenzenden Schlosspark, der einen Freizeitpark mit Fast Food Buden beherbergt, herrscht meist reges Treiben. Die beste Zeit für eine beschauliche Besichtigung ist daher die Nebensaison. In den Wintermonaten ist die Anlage allerdings geschlossen.

Das Schloss liegt am Rande eines kleinen Gehölzes, in dem man einen kurzen Spaziergang entlang der Gräfte machen kann.

Ein Besuch des in unmittelbarer Nachbarschaft gelegenen Warner Filmparks „Movie World" dürfte den Rahmen der Schlössertour in mehrerer Hinsicht sprengen.

Weiter geht es nach Schloss Lüttinghof, das im nördlichsten Zipfel des Stadtgebietes von Gelsenkirchen liegt. Hierzu fahren wir über die Eisenbahnschienen hinweg, den Ortskern von Feldhausen umfahrend bis zur Ampelkreuzung zurück, an der man nach links in die Dorstener Straße einbiegt. Nach etwa 400 m zweigt links der Lippweg ab, dem man etwa 5 km bis zum Ende folgt. Dann zunächst nach links und nach 1 km nach rechts in die Altendorfer Straße, die nach Marl-Polsum führt, einbiegen. Haus Lüttinghof ist ausgeschildert.

Haus Lüttinghof

Haus Lüttinghof wurde im 14. Jahrhundert als kurkölnische Grenzfeste erbaut. Die ursprüngliche Wehrburg, bestehend aus dem Haupthaus und der Vorburg, ist auf zwei Inseln angelegt, die über zwei Steinbrücken miteinander verbunden sind. Ende des 17. Jahrhunderts wurde die Burganlage durch bauliche Maßnahmen in ein Wasserschloss mit höherer Wohnqualität umgewandelt. Das Herrenhaus erhielt ein dem Zeitgeschmack entsprechendes Walmdach und einen farbigen Anstrich. In den Jahren 1973 bis 91 wurden eine Reihe von Restaurierungs- und Umgestaltungsmaßnahmen durchgeführt mit dem Ziel, die Anlage als zentrale Restaurierungswerkstatt des Landschaftsverbandes Westfalen-Lippe zu nutzen. Hierzu wurde auf der Vorburg ein zweigeschossiger Neubaukomplex mit großen Glasfenstern und -türen errichtet, dessen drei Flügel einen zum Herrenhaus hingewandten Innenhof bilden. Die Harmonie und das Ambiente der alten Burganlage werden hierdurch jedoch nur wenig beeinträchtigt.

Noch ehe der Besucher über eine steinerne Brücke die Vorburg durch das schmiedeeiserne Tor betritt, leuchtet ihm das herrliche Rot des getünchten Mauer-

werks durch das Geäst alter Bäume entgegen und nimmt seine ganze Aufmerksamkeit gefangen. Wohl niemand kann sich dem Reiz des rotfarbenen Spiegelbildes in den dunklen Wassern der Gräfte entziehen. Nachdem man die Vorburg über eine zweite steinerne Brücke verlassen hat, gelangt man auf einer Freitreppe zur Eingangspforte, über der ein Wappen angebracht ist.

Der sich im Haupttrakt befindende ehemalige Rittersaal wird heute für Kammerkonzerte und andere Veranstaltungen genutzt. Die Kellergewölbe und die von der Gräfte umflossene Terrasse werden gastronomisch bewirtschaftet. Das angrenzende Gehölz bietet Möglichkeiten zu einem kleineren Spaziergang entlang der Gräfte. Man kann aber auch vom Parkplatz aus einen etwa 3 km langen Rundweg machen.

Hierzu dem mit x markierten Weg, zunächst durch eine Eichen-, später Buchenallee folgen. Man überquert links den Picksmühlenbach, der ein erstaunliches Gefälle aufweist und mit seinen Wassern die Gräfte von Haus Lüttinghof speist. Der Weg führt weiter an einer Schrebergartenanlage entlang, die man am Ende des Weges links umrundet, bis der Weg in ein Waldstück eintaucht. Hier wiederum trifft man auf einen nicht näher bezeichneten Bach, der wie ein Gebirgsbach aus dem Unterholz hervorquillt. Man durchquert das folgende Waldstück und biegt auf dem breiten Zufahrtsweg zum Schloss nach links ab. Zur Rechten bieten sich interessante Spiegelungen des Schlosses in der Gräfte, während zur Linken Kühe auf den Weiden grasen. Eine bukolische Landschaft. Hin und wieder trifft man Kinder auf Zwergponys vom nahe gelegenen Reiterhof.

Hiermit geht die Schlösser-rundfahrt West zu Ende. Für den Heimweg fahren Sie bis zur Auffahrt auf die B224 zurück, von wo aus Sie Anschluss an das Autobahn-netz sowie die örtlichen Verbindungs-straßen haben.

Von den Anfängen des Ruhrgebiets bis heute – ein Streifzug

Es mag ein kalter Oktobertag gewesen sein, als Hirten gegen Abend ihre Herde zusammentrieben und sich selbst in einer Bodenmulde niederließen. Sie gruben eine kleine Vertiefung in die Erde, die hier nur eine dünne Haut über anstehendes dunkles Gestein spannte, und entfachten mit Feuerstein und Reisig ein wärmendes Feuer. Westfälische Hirten waren vermutlich auch damals schon schweigsam. Wortlos starrten sie, in Decken gehüllt, in die Glut, während ein brausender Südwestwind schwarze Wolken über sie hinwegfegte. Als sie am anderen Morgen erwachten, war das Feuer niedergebrannt, aber der Boden war noch warm. Als sie näher hinschauten, stellten sie fest, dass die schwarzen Steine glühten. Sie hatten die Kohle entdeckt. Diese Begebenheit könnte man als die eigentliche Geburtsstunde des Ruhrgebietes bezeichnen. Vielleicht waren es Hirten im Muttental bei Witten, von wo aus der Kohlenbergbau später seinen Anfang nahm. Wann aber war das?

Die erste urkundliche Erwähnung von Kohle im Ruhrgebiet datiert aus dem frühen 13. Jahrhundert. Wie lange mag es von der Entdeckung der glühenden schwarzen Steine bis hin zum ersten Chronisten gedauert haben? Wahrscheinlich war es ein Mönch aus dem Kloster Werden, der diese unglaubliche Geschichte in seiner Zelle niedergeschrieben hat. Es dürften wohl einige Jahrhunderte darüber ins Land gegangen sein. Und wie sah es damals in dem Gebiet aus, das wir heute das Ruhrgebiet nennen? Ein Blick auf eine Landkarte aus dem Jahr 1000 zeigt, dass es in diesem Raum praktisch noch keine Städte gab. Essen, Bochum und Dortmund erhielten erst im 13. bzw. 14. Jahrhundert die Stadtrechte. Die Einwohnerzahl erreichte nicht einmal 5 000. Es war insgesamt ein dünn besiedeltes Gebiet, das unter der Herrschaft der Erzbischöfe von Köln stand. Das Land wurde von Verwaltungshöfen aus, die der Abtei Werden unterstanden, verwaltet. Die eigentliche Besiedlung bestand aus einzelnen Gehöften oder Bauerschaften, zu denen sich im 15. und 16. Jahrhundert kleinere Kötter gesellten.

Schauen wir weiter in die Vergangenheit zurück, so finden wir keine markanten Ereignisse, die den Blick fesseln könnten, um einer Spur nachzujagen, oder gar Anreiz böten, den Spaten in die Hand zu nehmen, um Ausgrabungen vorzunehmen. Hier gab es kein Troja, keine Etrusker, auch keine Kelten. Natürlich wurden bei Ausbaggerungen Gebrauchs- und Kultgegenstände aus der Steinzeit, der Bronzezeit und der Eisenzeit gefunden. Natürlich haben die Römer bei ihren Territorialkämpfen mit den Germanen Spuren hinterlassen, im wesentlichen Gerätschaften des täglichen Lebens und Münzen, die sich im Besitz der germanischen Volksstämme befanden. Als dann der gemeinsame Feind, nämlich die Römer, verdrängt war, kam es zu Bruderkämpfen zwischen den germanischen Stämmen. Es war die Zeit der Völkerwanderung. So wurden die Sugambrer von den Brukterern verdrängt, die wiederum später gegen die einfallenden Sachsen Fliehburgen errichteten und sich dadurch erfolgreich verteidigen konnten.

Die Germanen jener Zeit galten den Christen als Heiden. Sie hatten ihre eigene nordische Götterwelt und wehrten sich gegen die Christianisierung. Im 7. Jh. findet man in Westfalen jedoch die ersten nach Osten gerichteten Gräber, ein Zeichen für die beginnende Christianisierung in diesem Raum. Mit Bonifatius (673-754), dem „Apostel der Deutschen", der 724 in Geismar die Eiche des heidnischen Gottes Donner (Donar) fällt, ohne dass der Gott sich rächt, ist der Widerstand gegen die Christianisierung gebrochen. In Dortmund entsteht die erste Missionszelle, von wo aus die drei Urpfarren Recklinghausen, Bochum und Unna gegründet werden. 799 gründet Liudger (um 742-809), der Missionar der Westfalen und erste Bischof von Münster (Weihe 805, später der Heilige Ludgerius), das Benediktinerkloster Werden an der Ruhr, wo er nach seinem Tode auch beigesetzt wird. Dieses Kloster sollte in der Folgezeit über einen langen Zeitabschnitt für den Raum des heutigen Ruhrgebietes als geistiges Zentrum fungieren. In den „Urbaren", den Heberegistern des Klosters wurden die Abgabe - und Dienstleistungen der einzelnen Höfe sowie Schenkungen schriftlich festgehalten. Diese Urbare, die über einen langen Zeitraum geführt wurden, vermitteln uns einen guten Einblick in die gesellschaftlichen und wirtschaftlichen Zusammenhänge jener Zeit. Von den hierin auftauchenden Namen der Gemarkungen und Bauerschaften lassen sich oftmals die Namen von Flur- und Ortsnamen im heutigen Ruhrgebiet ableiten, z.B. Marl von "Meronlare". Um 852 schließlich wird von Alfrid (800-874), dem späteren vierten Bischof von Hildesheim, ein Frauenstift in Essen gegründet. Dieses wurde 947 unter Otto dem Großen zum Reichsstift erhoben und somit reichsunmittelbar. Als 1560 der Rat der inzwischen reichsunmittelbar gewordenen Stadt Essen den protestantischen Glauben annahm, kam es zwischen Stadt und Kloster zu Schwierigkeiten, so dass das Damenstift 1665 in das Schloss Borbeck umsiedelte. Die ehemalige Stiftskirche des Frauenklosters ist die Keimzelle für den Bischofssitz des am 1.1.1958 von Papst Pius XII. gegründeten Bistums Essen und wurde somit zum Dom erhoben.

Die beiden letzten Jahrhunderte vor der Jahrtausendwende waren eine Zeit des Umbruchs, des religiösen wie auch des gesellschaftlichen Lebens. Es hatte ein Paradigmenwechsel auf breiter Basis stattgefunden: Die heidnische Religion mit ihrer altgermanischen Götterwelt wurde durch einen langwierigen Christianisierungsprozess vom christlichen monotheistischen Glauben verdrängt. Ähnlich gravierend war der Wechsel im Gesellschaftsleben: Die freie germanische Stammesgesellschaft mit einem Herzog, später einem König an der Spitze hatte sich gewandelt und polarisiert zu einer Schicht von Freien, der Adelsgesellschaft, und einer Schicht von Unfreien, den Abhängigen. Aus diesen Strukturen entwickelte sich das mittelalterliche Feudalsystem, das über viele Jahrhunderte Bestand haben sollte und erst mit der Abschaffung des Adels zu Ende ging.

Die nun folgenden Jahrhunderte brachten für diesen Raum, der im Laufe der Jahrhunderte verschiedenen, häufig wechselnden Herrschaftsbereichen angehörte, keine eigenständige Entwicklung. Es war noch immer ein dünnbesiedeltes Land. Selbst um 1800 waren die meist am Hellweg gelegenen Städte wie Duisburg, Essen, Bochum oder Gelsenkirchen, von denen es heißt, sie waren „verarmt und verludert", mit Einwohnerzahlen zwischen 500 und 5000 ohne besondere Bedeutung. Die einzige Ausnahme bildete Dortmund als freie Reichsstadt, in der während des Mittelalters dreißigmal ein deutscher König bzw. ein Kaiser des Römischen Reiches deutscher Nation weilte. Das Leben auf dem Lande war schwer, die Lebenserwartung gering. Seuchen, insbesondere die Pest, kriegerische Auseinandersetzungen, Kleinkriege und natürlich der Dreißigjährige Krieg mit nachfolgenden Hungersnöten hatten ganze Landstriche entvölkert. Aus der Entdeckung der Kohle wurde zunächst kein großer Nutzen gezogen, denn die anstehende Kohle wurde lediglich von den ortsansässigen Bauern und Handwerkern mit primitiven Hilfsmitteln gefördert.

Aus der zeitlichen Distanz betrachtet, waren die Jahrhunderte des Mittelalters und der Barockzeit für den Raum zwischen Rhein und Ruhr, den wir heute als Ruhrgebiet bezeichnen, eine eher beschauliche und nahezu geschichtslose Zeit. Denn die Politik wurde andernorts gemacht.

Das aber sollte sich schlagartig ändern. Als auf dem Wiener Kongress 1815 eine territoriale Neuordnung erfolgte, fiel das bis dahin noch zu zehn Herrschaftsbereichen aufgeteilte Gebiet mit unterschiedlichen Rechtsnormen und eigenen Zöllen, was die Ruhrschifffahrt enorm behinderte, an Preußen. Im 18. Jahrhundert hatte sich der preußische Staat bereits der Kohle angenommen und 1738 das Märkische Bergamt in Bochum gegründet. „Zum Schutz der Wälder", so hieß es, sollte der Bergbau gefördert werden, um den Verbrauch an Holzkohle zu reduzieren. Der Transport der Kohle war mühsam, denn er erfolgte mit Pferde- und Maultierkarawanen über ein schlecht ausgebautes Straßennetz. In den Wintermonaten war das Befahren der schlammigen Straßen mit schwer beladenen Wagen praktisch unmöglich. Aber auch die Ruhr war nur sieben Monate schiffbar, weswegen schon 1748 das erste Kohlemagazin in Ruhrort zur besseren Lieferbereitschaft der Kohlelieferungen bis in die Niederlande und die Schweiz angelegt wurde. Die Ruhr war zu jener Zeit einer der meist befahrenen Flüsse in Deutschland.

Die Kohle diente anfangs nur zum Heizen und Kochen. In England wurde jedoch Anfang des 18. Jahrhunderts ein Verfahren zur Verkokung von Steinkohle (Austreibung der flüchtigen Bestandteile) entwickelt und wenig später ein Verfahren zur Verhüttung von Erz in Hochöfen mit eben diesem Steinkohlenkoks. Dies war ein Meilenstein in der Erzeugung von Eisen, denn bis dahin war die Verhüttung der Eisenerze nur mit teurer Holzkohle möglich gewesen. Die im südlichen Ruhrgebiet geförderte Kohle war aber nur eine „Magerkohle", die für die Eisenerzeugung nicht geeignet war. Man musste in tiefere Schichten vordringen, um die gewünschte „Fettkohle" abbauen zu können. Auf der Zeche Kronprinz von Preußen in Essen-Schönebeck war dieses Ziel erstmals 1837 erreicht. Man hatte das 130 m starke Deckgebirge aus Mergelgestein durchstoßen. Vielleicht war dies die „wirkliche" Geburtsstunde des Ruhrgebietes. Denn jetzt erst konnte sich die schicksalhafte Verbindung von Kohle und Eisen herausbilden und somit die Grundlage für weitere Industrien legen. Die Förderquoten stiegen sprunghaft. Während 1839 erst eine Million Tonnen Kohle gefördert wurden, waren es 1853 bereits 2 Mio. t und 1889 dann 34 Mio. t. Der Zenit der Kohleförderung wurde schließlich 1943 mit 128 Mio. t erreicht. Ein zweiter Höhepunkt der Steinkohlenförderung wurde noch mal 1955 mit 121,1 Mio. t erreicht. Seitdem geht die Fördermenge kontinuierlich zurück. Im Jahre 2001 wird sie mit weiterhin fallender Tendenz auf etwa 35 Mio. t abgesunken sein.

Eine ganz ähnliche Entwicklung hatte die Erzeugung von Roheisen genommen, die 1850 bei 0,01 Mio. t lag, 1889 schon bei 1,3 Mio. t und 1992 einen Wert von 16,9 Mio. t erreichte. Hinter dieser Entwicklung stehen Namen wie Franz Haniel und Heinrich Thyssen, die 1808 die spätere „Gutehoffnungshütte" gründeten, wie Friedrich Krupp, der 1811 den Grundstein für seinen Weltkonzern legte, wie Stinnes, Grillo, Hoesch, die Brüder Mannesmann, Harkort und viele andere mehr. Begleitet wurde diese Entwicklung von der preußischen Gewerbepolitik insbesondere durch Karl Reichsfreiherrn vom und zum Stein und Fürst von Hardenberg. So wurde 1807 die Gewerbefreiheit eingeführt, was gegenüber dem Zünftesystem mit seinen Standesschranken eine erhebliche Erleichterung bei der Unternehmensgründung darstellte. Ferner wurde zur Sicherung des entwickelten Know-how 1815 das preußische Patentgesetz erlassen. Mit dem Bau der Köln-Mindener Eisenbahnlinie 1847, die u.a. die wichtigsten Städte des Ruhrgebietes miteinander verband, wurde eine weitere Voraussetzung zur Beschleunigung des Industriewachstums geschaffen.

Für die explosionsartig einsetzende Industrialisierung wurden natürlich Menschen gebraucht. Da die Region nur dünn besiedelt war, setzte aufgrund der neuen Einkommensmöglichkeiten ein Sog auf die umliegenden Regionen ein. Zunächst erfolgte die Zuwanderung von Arbeitskräften aus den umliegenden Regionen, dem Sauerland, aus Hessen und Westfalen. Bald strömten sie jedoch aus ferneren Regionen, aus Schlesien, Ostpreußen und Polen zu. Ein erster Höhepunkt der Zuwanderung war Anfang des 19. Jahrhunderts erreicht. Wenngleich jetzt überall im Land Zechen, Hüttenwerke und Hafenanlagen aus dem Boden schossen, so blieb das Landschaftsbild noch weitgehend unversehrt. In den Auen des Emschertals sollen bis zum Ende des 19. Jahrhunderts sogar Wildpferde gelebt haben.

In einem alten Buch (J. F. Wilhelmi, 1828) heißt es: „Wer eine herrliche Gegend kennen lernen will, findet hier (im Ruhrtal) reiche Befriedigung; denn alles, was eine heitere Landschaft zu schmücken vermag, ist hier in einem Bezirke von wenigen Stunden (zu Fuß) vereint anzutreffen: ein liebliches Tal, von heiteren Bergen bekränzt, Ritterburgen und Ruinen, fruchtbare Fluren und duftende Wiesen und dabei blühender Gewerbfleiß und Handel".

Doch auch die Kehrseite der Industrie wurde damals schon deutlich. So schreibt Löbker 1852: „Die Bewohner Essens und Werdens und deren Umgebung haben durchschnittlich bleiche Gesichtsfarbe und lange nicht den kräftigen Körperbau als die benachbarten Westfalen. Ursache davon mögen der Aufenthalt in den Bergwerken, das Einsaugen des Kohlendampfes und die Fabriken sein. Wo letztere vorhanden sind, tritt zu der bleichen Gesichtsfarbe noch durchschnittlich sichtbare Schwächlichkeit in den Zügen und Gliedern."

Die Bevölkerung hatte sprunghaft zugenommen. Während im Kernland des Ruhrgebietes 1852 etwa 375 000 Menschen lebten, waren es 1925 schon 3,8 Millionen. Die ersten Zuwanderer fanden noch als Untermieter Platz in den Kötterhäusern und Bauernhöfen der ansässigen Bevölkerung. Jeder Schuppen wurde zur Unterkunft umgerüstet und genutzt. Aufgrund der angewachsenen Bevölkerungsdichte, insbesondere bezogen auf die Belegung pro Wohneinheit, brachen jedoch Seuchen aus. 1901 forderte die Cholera allein in Gelsenkirchen 500 Todesopfer. Es bestand also dringend Handlungsbedarf zur Verbesserung der hygienischen Verhältnisse (Trinkwasser und Abwasser) und zur Beseitigung der Wohnungsnot. Die Städte begannen neue Wohngebiete am Rande ihrer Stadtgebiete auszuweisen, auf denen meist trostlose Siedlungen in einem schachbrettartigen Straßennetz entstanden. Die grauen drei- bis viergeschossigen Reihenhäuser standen traufseitig zur Straße und säumten die langen Straßenzüge, die mitunter ohne urbanen Bezug frei in der Landschaft standen und an manchen Orten auch heute noch zu sehen sind.

Da der freie Wohnungsmarkt nicht genügend schnell den benötigten Wohnraum schaffen konnte, nahmen sich die Unternehmen des Wohnungsproblems an. Alleinstehenden Arbeitern wurde Unterkunft und Verpflegung in Logierhäusern (Menagen) geboten. Für Arbeiterfamilien errichtete man Arbeitersiedlungen, die sogenannten „Kolonien". Die ersten Koloniehäuser wurden 1844 von der „Gutehoffnungshütte" in Oberhausen errichtet. Bald war es üblich, dass jedes Großunternehmen seine eigenen Werkswohnungen und Werkssiedlungen besaß.

Die typische Bergmannssiedlung bestand meist aus einzeln stehenden Häusern mit zwei oder vier Wohnungseinheiten. Jede Wohnung erstreckte sich über zwei Etagen, damit der morgens von der Nachtschicht zurückkommende Bergmann sich in die obere Etage zum Schlafen zurückziehen konnte. Die Häuser waren meist großzügig geschnitten. Hinter dem Haus befand sich wegen der Geruchsbelästigung die Toilette in einem separaten Haus oder Hausanbau. Die Wasserspülung kam erst nach 1900 auf. Zu jeder Wohneinheit gehörte ein Stück Garten, in dem Gemüse gezogen wurde. Fast jeder Haushalt hielt sich Hühner und Kaninchen und mästete ein Schwein. Darüber hinaus war die Ziegenzucht bei den Bergleuten äußerst beliebt, so dass die Ziege auch die „Kuh des Bergmanns" genannt wurde. Nicht zu vergessen ist natürlich die Leidenschaft zur Taubenzucht, die auch heute noch im Ruhrgebiet einen großen Stellenwert besitzt.

Während die ersten Bergmannssiedlungen meist trostlose Reihenhaus-Siedlungen an endlosen Stichstraßen waren, entstanden um die Jahrhundertwende ideenreich gestaltete Siedlungen, in denen die einzeln stehenden Häuser in Rundstraßen angeordnet waren. Im Gegensatz zu den stereotypen Reihenhäusern wurden verschiedene Haustypen entwickelt. So gibt es Siedlungen, in denen bis zu vierzig verschiedene Haustypen (Marl-Brassert) vorhanden sind. Fast jede Ruhrgebietsstadt kann auf besonders sehenswerte Siedlungen verweisen. Als besonders herausragendes Beispiel sei hier die Siedlung „Teutoburgia" in Herne-Börnig genannt. Einen ganz anderen Siedlungstyp findet man z.B. in Gelsenkirchen-Erle. Die Schievenfeld-Siedlung wurde weiträumig in Angerform, einem Stilelement des Hochmittelalters, das man häufig in Ostdeutschland antrifft, erbaut. Hiermit versuchte man der geografischen Herkunft der Arbeiterschaft Rechnung zu tragen. Die Häuser und das mittelalterlich anmutende Torhaus erinnern allerdings eher an eine süddeutsche Kleinstadt. Solche Siedlungen stehen heute oftmals unter Denkmalschutz und weisen einen hohen Wohnwert auf. Denn als die Zechen Ende des zwanzigsten Jahrhunderts die Häuser zum Verkauf anboten, haben die meisten Mieter bei reger Nachfrage aus anderen Bevölkerungskreisen von ihrem Vorkaufsrecht Gebrauch gemacht und die Ruß geschwärzten Häuser in kleine Schmuckkästchen umgewandelt. So sehen wir heute die Häuser und ihre Zeit manchmal mit einem nostalgischen Blick, wenngleich das Leben damals hart und entbehrungsreich gewesen ist.

Hatte die Industrialisierung des Raumes, den man damals begann „Ruhrgebiet" zu nennen, gegen Ende des 19. Jahrhunderts einen ersten Höhepunkt erreicht, so beschleunigte sich das Industriewachstum nochmals kräftig. Denn während bis dahin die Kohleförderung und Roheisenerzeugung allein bestimmend waren, kamen im 20. Jahrhundert in zunehmendem Maße die Fertigungsindustrie, insbesondere der Maschinenbau, hinzu. Später folgten die Erdölindustrie mit zahlreichen Raffinerien und die Großchemie, die inzwischen von der Rohstoffbasis Kohle auf Erdöl umgestellt hatte. Einen nicht zu vernachlässigenden Anteil hatten auch die Zulieferindustrie sowie die Betriebe für die Versorgung der immer noch anwachsenden Bevölkerung. Mit dem gestiegenen Industrieflächenbedarf und dem nicht geringen Flächenbedarf für die Logistik, also Straßennetz und Eisenbahn (u.a. auch Zechenbahnen), ging die Zerstörung der Natur einher. Hierbei spielte der Bergbau eine besondere Rolle. Denn nach Ausbeutung der Kohlevorkommen im Ruhrtal wanderte der Bergbau den Flözen folgend nach Norden und benötigte ständig weitere Flächen. Besonders betroffen hiervon war die Emscherzone.

Ein Übriges tat der Zweite Weltkrieg mit den verheerenden Zerstörungen durch die Bombenangriffe der Alliierten. Große Teile des Ruhrgebietes waren nur noch ein Trümmerfeld, die Industriestädte zwischen 70% und 90% zerstört. Auch die Landwirtschaft lag danieder. 1945 glaubte kaum jemand, dass ein Wiederaufbau, geschweige denn ein Wiederaufblühen möglich sein könnte.

Aber das für unmöglich Gehaltene trat ein: in einem gewaltigen Kraftakt wurden die Trümmer beseitigt. Hieran hatten die Frauen, die später die „Trümmerfrauen" genannt wurden, einen sehr großen Anteil. Denn viele Männer befanden sich noch in Kriegsgefangenschaft oder waren im Krieg gefallen. Darüber hinaus litt die Bevölkerung an Hunger und Unterernährung. Denn das zerbombte Land im Westen konnte die vielen Flüchtlinge aus dem Osten kaum aufnehmen, geschweige denn ernähren. Dennoch, das Unglaubliche wurde in kurzer Zeit geschafft. Die Trümmer waren innerhalb weniger Jahre beseitigt, und der Wiederaufbau begann mit Schwung.

Auch die Industrie schaffte trotz Demontage der vorhandenen noch funktionsfähigen Anlagen in kurzer Zeit einen Neuanfang. Aber schon in den nächsten Jahrzehnten begann sich ein Umstrukturierungsprozess abzuzeichnen. Die Nachfrage nach Stahl ging kontinuierlich zurück, damit verbunden auch die Kohleförderung. Die Gründe hierfür sind unterschiedlich. Einerseits entstanden in den Ländern der Dritten Welt eigene Stahlwerke, so dass die Exportquoten sanken, andererseits verdrängten aber auch andere Werkstoffe, insbesondere Kunststoffe, die Nachfrage nach Stahl. Bei der Kohle kam hinzu, dass der Kohleabbau mit Erschöpfung der Flöze kontinuierlich nach Norden in Richtung Münsterland abwanderte, was wegen der geologischen Verhältnisse das Vordringen in größere Tiefen erforderte. Die Kohle wurde somit, auch wegen des hohen Lohnniveaus in der Bundesrepublik, im Verhältnis zum Weltmarktpreis zu teuer, so dass eine Benachteiligung der deutschen Stahlerzeugung drohte. Die ersten Zechen wurden stillgelegt und statt dessen billigere Importkohle aus Drittländern beschafft.

Auf den stillgelegten Zechengeländen entstanden Industrieparks mit einer Vielzahl von Klein- und Kleinstunternehmen. Besonderes Augenmerk wurde hierbei auf Hightech-Unternehmen gerichtet, denen die Zukunft gehört. Manch ein Unternehmen hat sich inzwischen zu respektabler Größe entwickelt und weist heute Umsätze in zwei- und dreistelliger Millionenhöhe aus. Es wurde aber auch versucht, andere Großunternehmen ins Revier zu holen. Ein großer Schritt auf diesem Weg war mit der Ansiedlung der Opelwerke in Bochum geschafft. In diesem Zusammenhang ist u.a. auch die Solarfabrik in Gelsenkirchen zu erwähnen.

Eine wichtige Rolle bei der Umstrukturierung spielen natürlich der Dienstleistungssektor und in letzter Zeit auch die „Freizeitindustrie". In diesem Zusammenhang sind u.a. das CentrO Oberhausen, wie auch der Freizeitpark in Kirchhellen und der Emscher Landschaftspark mit der „Route Industriekultur" zu nennen.

Nicht unerwähnt bleiben dürfen die gesellschaftlichen Veränderungen im Revier sowie die Anstrengungen auf dem Sektor Kultur. Große Teile der Bevölkerung gehörten bis in die 70er Jahre der Arbeiterschicht an. Es waren die „Malocher", wie sie sich selbst nannten, im „Pütt" und an den Hochöfen. Das Ausbildungsniveau war entsprechend niedrig und die Ausbildungsmöglichkeiten waren es ebenfalls. Aus diesem Grunde legte die Landesregierung von Nordrhein-Westfalen Bildungsprogramme auf, im Rahmen derer gezielte Maßnahmen eingeleitet wurden. Vorrangig war die Gründung von Universitäten, denn trotz der großen Bevölkerungszahl von ca. 5 Mio. Einwohnern und des großen Bedarfs an qualifizierten Fachkräften gab es im Ruhrgebiet bis in die zweite Hälfte des 20. Jahrhunderts keine einzige Universität. In kurzer Folge kam es zur Gründung von mehreren Universitäten. Die erste war die Ruhruniversität 1965 in Bochum. Es folgten die Gesamthochschulen in Duisburg, Essen und Dortmund, wie auch die Fernuniversität Hagen. Heute gibt es fast in jeder Großstadt mehrere Fachhochschulen mit breitem Fachangebot oder Fachhochschulen mit spezieller Ausrichtung, z.B. die Fachhochschule für Bergbau, die Westfälische Schauspielschule und die Wirtschafts- und Verwaltungsakademie in Bochum, die Musikhochschule in Dortmund, die Folkwang-Hochschule für Musik, Theater und Tanz in Essen, die Fachhochschule in Gelsenkirchen und das Adolf Grimme Institut in Marl, um nur einige wenige zu nennen.

Ein ähnlich breites Angebot gibt es im Bereich Kultur. Besonders erwähnenswert ist der Theaterneubau in Marl, der 1953 entstanden ist, als noch nicht ein-

mal sämtliche Kriegstrümmer beseitigt waren, und natürlich die Eröffnung (1959) des „Musiktheaters im Revier“ in Gelsenkirchen sowie der Neubau des Aaltotheaters in Essen. Dass es im Revier weitere Opernhäuser in Dortmund und Duisburg gibt, Sinfonieorchester in Bochum und Recklinghausen, dass ein großer Konzertsaal in Dortmunds Innenstadt im Entstehen begriffen ist, sei nur am Rande erwähnt. Ungezählt sind die Festspiele und Festivals im Revier. Am bekanntesten sind sicher die Ruhrfestspiele in Recklinghausen, die im Winter 1946/47 unter dem Motto „Kunst für Kohle“, einer Notgemeinschaft zwischen dem Hamburger Schauspielhaus und dem Kohlenrevier, zustande kam. Weithin bekannt sind auch die „Internationalen Kurzfilmtage Oberhausen“ seit 1954, die „Mülheimer Theatertage“, die „Duisburger Akzente“, die Verleihung des „Adolf Grimme Preises“ in Marl, das „Klavierfestival Ruhr“, initiiert von der Pianofortefabrik Thürmer in Bochum, die „Wittener Tage für neue Musik“ und „die Herner Tage für alte Musik“. Wie viele Museen es im Ruhrgebiet gibt, wie viele Galerien, wie viele Ausstellungen im Jahr gezeigt werden, es hat wohl niemand gezählt. Das Ruhrgebiet ist die drittgrößte Kulturregion der Welt und weitere ehrgeizige Pläne weisen in die Zukunft. Der Transrapid, die Triennale, die Fußballweltmeisterschaft 2006, Olympia 2012 im Ruhrgebiet, ein Yachthafen in Castrop Rauxel?

Welch ein Wandel in so kurzer Zeit!

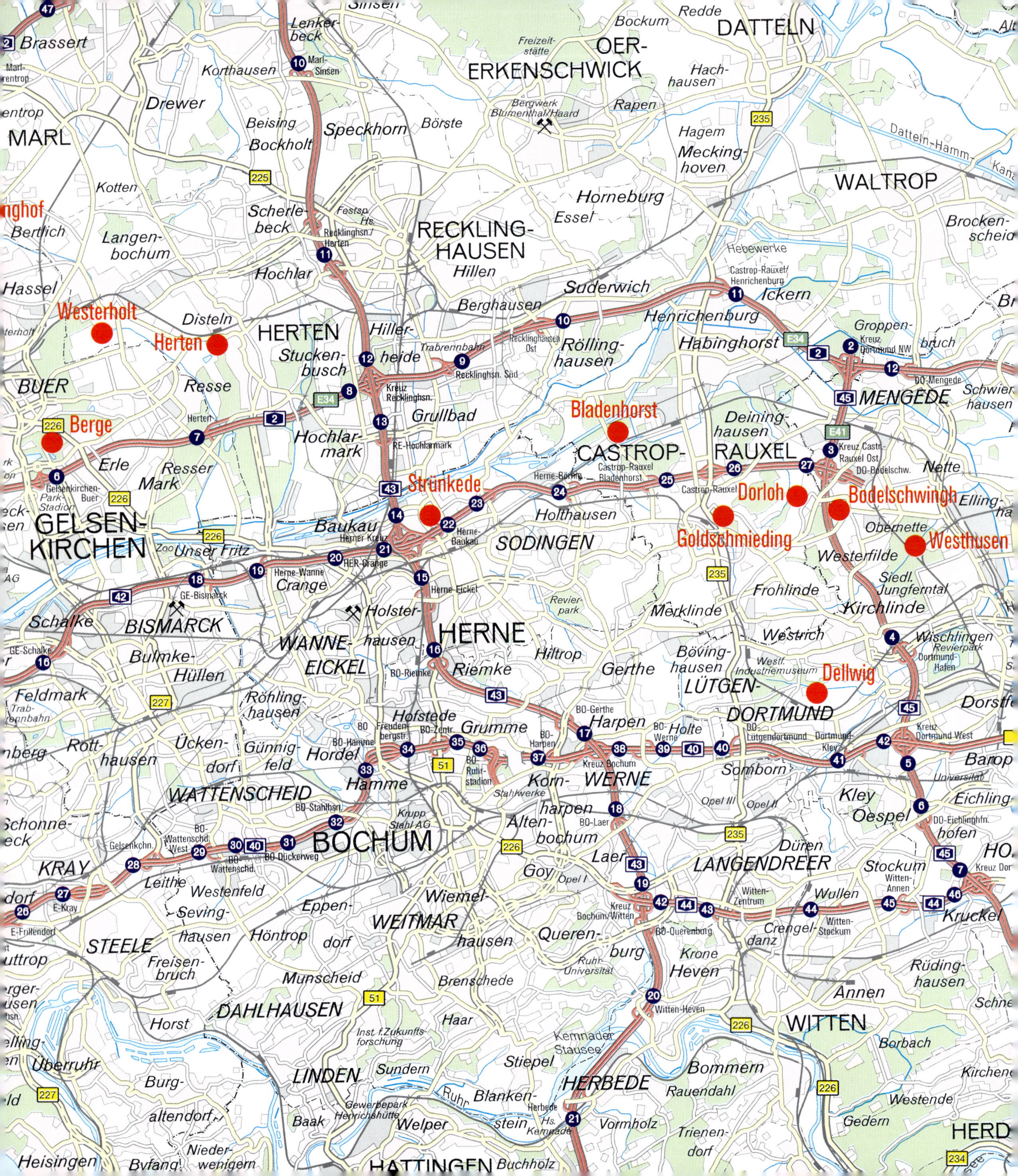

Brassert
Lenker-beck
Marl-Sinsen
Bockum
Redde
DATTELN
Freizeit-stätte
OER-ERKENSCHWICK
Korthausen
Hach-hausen
Drewer
Bergwerk Blumenthal/Haard
Rapen
MARL
Beising
Speckhorn
Börste
Hagem
Bockholt
Mecking-hoven
Datteln-Hamm
Kotten
Horneburg
WALTROP
Scherle-beck
Festsp. Hs.
Essel
RECKLING-HAUSEN
Bertlich
Langen-bochum
Recklinghsn./Herten
Hillen
Brocken-scheid
Hebewerke
Hochlar
Hassel
Suderwich
Castrop-Rauxel/Henrichenburg
Westerholt
Berghausen
Ickern
Disteln
Hiller-heide
Henrichenburg
Groppen-bruch
Herten
HERTEN
Recklinghausen Ost
Rölling-hausen
Habinghorst
Kreuz Dortmund NW
Stucken-busch
Trabrennbahn
Recklinghsn. Süd
BUER
Resse
Kreuz Recklinghsn.
MENGEDE
DO-Mengede
Schwieringhausen
Bladenhorst
Grullbad
Deining-hausen
Berge
Herten
Hochlar-mark
RE-Hochlarmark
CASTROP-
RAUXEL
Kreuz Castrop-Rauxel Ost
Erle
Resser Mark
Castrop-Rauxel Bladenhorst
Nette
Strünkede
Herne-Börnig
Castrop-Rauxel
Dorloh
DO-Bodelschw.
Bodelschwingh
Gelsenkirchen-Buer
Park-Stadion
Elling-hausen
GELSEN-KIRCHEN
Baukau
Holthausen
Obernette
Herner Kreuz
Herne-Baukau
Goldschmieding
Westhusen
SODINGEN
Zoo
Unser Fritz
HER-Crange
Westerfilde
Herne-Wanne
Crange
Siedl. Jungferntal
GE-Bismarck
Herne-Eickel
Frohlinde
Revier-park
Kirchlinde
Schalke
BISMARCK
Holster-hausen
Merklinde
Westrich
Wischlingen
Revierpark
GE-Schalke
WANNE-EICKEL
HERNE
Böving-hausen
Dortmund-Hafen
Bulmke-Hüllen
Hiltrop
Gerthe
Westf. Industriemuseum
Dellwig
BO-Riemke
Riemke
LÜTGEN-DORTMUND
Feldmark
Röhling-hausen
Dorstfeld
Hofstede
BO-Gerthe
Harpen
BO-Holte
Werne
Grumme
Rott-hausen
Ücken-dorf
BO Freudenbergstr.
BO-Zentr.
BO-Harpen
DO-Lütgendortmund
Dortmund-Kley
Kreuz Dortmund West
Günnig-feld
BO-Hamme
Hordel
Barop
BO Ruhr-stadion
Kreuz Bochum
Somborn
Hamme
Korn-harpen
WERNE
Universität
WATTENSCHEID
Stahlwerke
Kley
Eichling-hofen
BO-Stahlhsn.
Opel III
Opel II
Oespel
DO-Eichlinghfn.
Schonne-beck
Krupp Stahl AG
Alten-bochum
BO-Laer
Gelsenkchn.
Wattenscheid-West
BO-Wattenschd.
BO-Dückerweg
BOCHUM
Laer
Düren
KRAY
LANGENDREER
Stockum
Kreuz Dortmund
Goy
Opel I
Witten-Annen
Leithe
Westenfeld
Wiemel-hausen
Witten-Zentrum
Wullen
E-Kray
Seving-hausen
Eppen-dorf
Kreuz Bochum/Witten
Kruckel
E-Frillendorf
WEITMAR
BO-Querenburg
Witten-Stockum
STEELE
Höntrop
Queren-burg
Crengel-danz
Krone
Freisen-bruch
Ruhr-Universität
Heven
Rüding-hausen
Munscheid
Annen
DAHLHAUSEN
Brenschede
Witten-Heven
Horst
Haar
WITTEN
Inst. f. Zukunftsforschung
Kemnader Stausee
Borbach
Überruhr
Stiepel
Bommern
Sundern
LINDEN
HERBEDE
Burg-altendorf
Rauendahl
Ruhr
Blanken-stein
Herbede
Westende
Gewerbepark Henrichshütte
Gedern
Baak
Welper
Hs. Kemnade
Vormholz
Trienen-dorf
Nieder-wenigern
Heisingen
Byfang
HATTINGEN
Buchholz
HERD

Die mittlere Schlösser - Route

Die mittlere Schlösser-Route umfasst folgende Anlagen: **Schloss Herten, Schloss Westerholt, Schloss Berge, Schloss Strünkede, Schloss Bladenhorst, Haus Goldschmieding, Haus Dorloh, Haus Bodelschwingh und Haus Westhusen.**

Auch diese Route lässt sich in zwei beschauliche Tagestouren unterteilen, nämlich in den ersten Teil, der die **Schlösser Herten, Westerholt, Berge und Strünkede** umfasst und in den zweiten Teil mit den **Häusern Bladenhorst, Goldschmieding, Dorloh, Bodelschwingh und Westhusen.**

Startpunkt der mittleren Route ist **Schloss Herten.**

Die Anreise erfolgt entweder über die A 43 Anschlußstelle 11, Recklinghausen/Herten. Man fährt dann Richtung Herten ins Stadtzentrum von Herten, wo der Weg zum Schloss ausgeschildert ist. Oder man benutzt die A 2 AS 7 (Herten) und fährt ebenfalls nach Herten ins Stadtzentrum. Auch von hier aus kommend, ist der Weg zum Schloss ausgeschildert. Wenn man von der Hauptstraße (Resser Weg) zum Schloss abgebogen ist, findet man hinter einem Torbogen rechter Hand Parkplätze.

Schloss Herten

Die erste Erwähnung eines Rittersitzes in der Niederung am Fuße des Paschenberges stammt aus dem Jahr 1286. Über den Besitzer und seine Burg liegen jedoch keine näheren Informationen vor. Als 1529 Bertram von Nesselrode durch Einheirat in den Besitz einer bereits 1376 erwähnten Burg gelangte, ließ er diese zu einer Festung mit starken Eckbastionen, die heute noch erhalten sind, durch den Coesfelder Baumeister Hendrik de Suer ausbauen. An den Nordflügel, in dem heute das Restaurant untergebracht ist, wurden zwei ungleich lange zweigeschossige Seitenflügel mit Satteldach und Staffelgiebeln angefügt. Diese sind durch einen eingeschossigen Zwischenbau mit Galerie verbunden, so dass die vier Gebäudetrakte einen trapezförmigen Innenhof umschließen. Drei runde Ecktürme mit Kegelhaube machten die Anlage zu einer wehrhaften Feste. Nach einem Großbrand im Jahre 1687 erfolgte innerhalb von fünf Jahren der Wiederaufbau, wobei barocke Stilelemente wie etwa das prächtige Eingangsportal und Teile der Innenausstattung eingebracht wurden. Von der Vorburg blieb lediglich ein langgestrecktes Wirtschaftsgebäude aus dem 16. Jahrhundert erhalten. An der Nordseite der Vorburg befindet sich die spätgotische Schlosskapelle, die erst 1908 von ihrem ehemaligen Standort Schloss Grimberg in Gelsenkirchen nach Herten umgesetzt wurde. Der Portalvorbau an der Giebelfront aus dem Jahre 1747 wie auch das freistehende Torfragment vor der Kapelle wurden nach Plänen von Johann Carl Schlaun angefügt. Die Kapelle dient heute der griechisch-orthodoxen Gemeinde für Gottesdienste. Eine Besichtigung nach den Gottesdiensten ist möglich und empfehlenswert.

Bevor 1960 der Landschaftsverband Westfalen-Lippe das Haus übernommen hatte, befand es sich in einem beklagenswerten Zustand. Dazu heißt es in einem Buch*:

„12. Juni 1957: Der Eindruck dieser seit Auszug der Gräfin Brühl-Pörten ganz verlassenen Prachtanlage, die durch Grubensenkungen schief absackte, wirkte ebenso phantastisch wie bedrückend. Aus den Zimmern, in denen noch im November 1956 ein großer Hochzeitsempfang stattfand, waren nun Boiserien, Kamine, Parketts herausgerissen, Gewölbe eingestürzt, Dielen eingebrochen. Einbrecher hatten mit Pistolen Fensterscheiben durchschossen. Die noch teilweise möblierten Räume boten den Anblick der Verwüstung... Wir waren die letzten Besucher, denn in diesen Tagen wird der im Äußeren noch intakte Bau mit Selbstschüssen verbarrikadiert und dem Verfall preisgegeben. Dabei handelt es sich um eines der wertvollsten Baudenkmäler Westfalens."

*) Mauern im Strom der Zeit, Udo von Alvensleben, 1965 Ullstein, Frankfurt, Berlin, Wien

Zwischen 1974 und 1981 erfolgten jedoch umfangreiche Restaurierungsarbeiten. Seitdem ist Schloss Herten für die Öffentlichkeit zugänglich und präsentiert sich wieder als ein herausragender spätgotischer Schlossbau, von Gräften umflossen, der für kulturelle Veranstaltungen, z.B. für das Klavierfestival Ruhr und Kammerkonzerte sowie für private Festlichkeiten genutzt wird.

Adresse: Herten-Zentrum, Im Schlosspark

Beachtenswert ist der Schlosspark mit einem alten und dendrologisch interessanten Baumbestand, der sich nach Süden zum Emscherbruch bis zum Ewaldsee jenseits der Autobahn hin zu einem Landschaftspark öffnet und Möglichkeiten zu ausgedehnten Spaziergängen und Radtouren bietet.

Es ist ein Park für alle Jahreszeiten:
im Frühling die herrliche Blütenpracht der Narzissen und Rhododendren, im Sommer das saftige Grün der weitläufigen Rasenflächen, im Herbst die bunten Kastanienalleen und im Winter die stillen, Schilf gesäumten Teiche mit den verlassenen Bänken.

Der Park weist etwa 200 verschiedene Baum- und Straucharten auf. Viele der exotischen Bäume haben ein Alter zwischen 90 und 190 Jahren, darunter eine Hickorynuss (90), ein Judasbaum (170), ein Ginkgobaum (130) und ein Tulpenbaum (190).

Darüber hinausgehende Informationen liegen im Tabakhaus (erbaut 1795), das am nordöstlichen Parkrand am Ende der Platanenallee liegt, aus.

Gegenüber vom Parkplatz befindet sich an der gepflasterten Straße eine Tafel, die einen guten Überblick über die örtlichen Gegebenheiten vermittelt.

Weiter geht es nach Schloss Westerholt. Hierzu fährt man zurück auf die Landstraße, biegt an der Ampel links ab. Nach 300 m führt rechts die Straße nach Westerholt. Im Ortskern ist der Weg zum Schloss ausgeschildert.

Schloss Westerholt

Schloss Westerholt war bereits am Ende des 12. Jahrhunderts eine wehrhafte Burg. 1359 begaben sich die Burgherren in die Lehnenabhängigkeit des Erzbischofs von Köln, der ihnen dafür im Gegenzug die Gerichtsherrlichkeit übertrug. Von der alten Burg, dem Stammsitz der Herren von Westerholt-Gysenberg, ist nichts erhalten geblieben. Vorburg und Hauptburg, die ursprünglich auf drei Inseln standen, waren bereits 1708 zur Ruine verfallen. Das Schloss, wie es sich heute darstellt, wurde 1830 im klassizistischen Stil erbaut. Bemerkenswert sind der Mittelrisalit und die Freitreppe. Die angrenzenden Wirtschaftsgebäude wurden 1870 durch neue Gebäude ersetzt. In dem alten Vogelhaus, das sich hinter Buschwerk und alten Bäumen versteckt, war der Wohnsitz der gräflichen Familie. Graf Egon von Westerholt, der kürzlich seine Memoiren veröffentlicht hat, ist trotz seiner 94 Jahre populär wie ehedem und steht schon zu Lebzeiten als Bronzefigur im kleinen Park vor dem Schloss. Das Schlossgebäude wird heute als Golfhotel mit Restaurant im gehobenen Stil genutzt. Das Nebengebäude, einst Stallung, beherbergt ein Restaurant mit Gartencafé.

Adresse: Herten-Westerholt
Buerer Straße 2

In unmittelbarer Nähe schließt sich nach Westen der Golfplatz an, der von Rad- und Wanderwegen durchzogen ist. Hin und wieder hat man einen Ausblick auf die gepflegten Rasenflächen. Hinter dem Schloss gelangt man auf einer Kastanienallee in einen Hochwald. Bis vor wenigen Jahren hausten hier in einem Tiergehege die Löwen des Grafen von Westerholt. Wer mit dem Fahrrad unterwegs ist, kann von hier aus bequem Haus Berge in Buer erreichen.

Sehenswert ist der unter Denkmalschutz gestellte alte Dorfkern von Westerholt (Freiheit Westerholt) mit seinen engen Gassen und den frisch gestrichenen Fachwerkhäusern. Cafés, Restaurants und ein Biergarten unter alten Kastanien heißen ihre Gäste willkommen.

Weiter geht es nach Schloss Berge. Hierzu fährt man bis zur Hauptkreuzung zurück und folgt der Beschilderung (Bochumer Str.) nach Gelsenkirchen-Buer. Nach Passieren eines Waldstückes stößt die Straße auf den Ostring (etwa 3 km). Hier links abbiegen. Nach etwa 1 km erreicht man eine Kreuzung, an der man wiederum nach links (Richtung Herne) in die Cranger Straße (B 226) abbiegt. Nach weiteren etwa 1,5 km nach rechts in Richtung Autobahn abbiegen und der Beschilderung nach Schloss Berge folgen. Parkplätze sind vorhanden.

Haus Berge

Die einstige Burganlage aus dem 13. Jahrhundert wurde 1530 durch die Herren von Strünkede, die den Rittersitz als Allodialgut besaßen, durch einen Rechteckbau ersetzt, der noch heute als ältester Bestandteil des Wasserschlosses erhalten ist. 1785-88 erfolgte durch die Freiherren von Boenen ein großzügiger Umbau, dem der heutige hufeisenförmige Gebäudekomplex sein Aussehen verdankt. Der schlichte, im klassizistischen Stil gehaltene Baukörper mit Mansarddach strahlt Harmonie und Eleganz aus, die durch die gelbe Farbgebung des Putzes auf dunklem Sockel unterstrichen wird. 1954 erfolgte eine Modernisierung des Innenausbaus. Heute ist hier ein gepflegtes Restaurant mit ansprechendem Festsaal untergebracht.

Adresse: Gelsenkirchen-Buer,
Konrad-Adenauer-Allee

Von der Terrasse hat man einen herrlichen Blick auf den französischen Garten, in dessen Mitte das Gelsenkirchener Wappen aus siebzehntausend Pflanzen, die in Frühling und Herbst erneuert werden, gestaltet ist. Es lohnt allemal, einen ausgiebigen Spazier-

gang zu machen, wobei sich auf allen Wegen, entlang den Wasserflächen oder über kleine Stege durch schilfiges Terrain zu grünen Rasenflächen neue Perspektiven ergeben: anmutige Skulpturen, ein Kräutergarten hinter einer Hainbuchenhecke, ein Bauerngarten mit kleinem Gartenpavillon. Dann die Grünflächen des Englischen Gartens, terrassierte Parkanlagen mit Staudenrabatten, exotische Bäume und schließlich ein schattenspendender Hochwald, durchtrennt von einem Bachlauf, der sich irgendwo unbemerkt aus dem Gelände windet. Wenn man auf einem der Rundwanderwege A 1-3 den Park in östlicher Richtung durchschreitet und die Cranger Straße überquert, gelangt man auf einen alten Friedhof. Nachdem man auch diesen durchschritten und die Ortbeckstraße überquert hat, erreicht man den Stadtwald. Dieser wurde zum Naturschutzgebiet „Im Deipen Gatt" erhoben und überrascht durch seine interessante Morphologie. An den engen Hängen des naturbelassenen Tals sickern kleinste Quellbäche, die bis zu 1,5 m hohen Schachtelhalmen einen artgerechten Lebensraum geben. Die kleinen Rinnsale vereinen sich schließlich zum Leiter-Mühlenbach, der einst eine Mühle angetrieben hat.

Der im Stil eines Englischen Gartens gestaltete Volkspark wird von kleinen Rundwegen, vorbei an Teichanlagen und Grünflächen, erschlossen. Ein Gartenrestaurant, die „Waldschenke“, sorgt an heißen Tage für Erfrischungen und überrascht mit Gerichten der italienischen Küche für gehobene Ansprüche.

Gegenüber dem Haupteingang von Haus Berge, auf der anderen Straßenseite, liegt der Berger See, den man in einer knappen halben Stunde umgehen kann. Die Wege sind begleitet von Blumenrabatten, und an den auf Natursteinmauern ruhenden Pergolen blüht es fast das ganze Jahr über. Auf den sanft ansteigenden Hängen erstrecken sich große Rasenflächen, die von Gruppen alter Parkbäume unterbrochen werden. Beklommen macht das Mahnmal für die Toten der beiden Weltkriege auf der oberen Terrasse.

Weiter geht es nach Schloss Strünkede. Hierzu fährt man bis zur Kreuzung zurück und folgt der Ausschilderung Autobahn, nimmt die A 2 in Richtung Dortmund, wechselt am Recklinghäuser Kreuz auf die A 43 in Richtung Bochum und am Herner Kreuz auf die A 42 (Emscherschnellweg) in Richtung Dortmund. Schon die nächste Ausfahrt AS 22 (Herne-Baukau) - es sind nur wenige hundert Meter - fährt man wieder ab und biegt an der Ampel nach links in den Westring, der unmittelbar die Autobahn unterquert, ab. Schloss Strünkede ist ab hier ausgeschildert.

Schloss Strünkede

Erste Erwähnung der Herren von Strünkede im Jahre 1142. Das heutige Wasserschloss aus dem 16./17. Jahrhundert wurde vermutlich auf den Fundamenten einer gotischen Wehrburg aus dem 11./12. Jahrhundert unter Verwendung des alten Baumaterials erbaut. Die einstigen Burgherren waren wehrhaft und scheuten keine Auseinandersetzung mit ihrem Lehnsherrn, dem Grafen von Kleve. Sie brachten es zu ansehnlichen Ländereien und errichteten eine Grund- und Gerichtsherrschaft, die erst 1812 endete.

1632 zu Reichsfreiherrn erhoben, wurde 1645 die Herrschaft als Lehen des Großen Kurfürsten bestätigt. Nachdem das Geschlecht derer von Strünkede 1742 ausgestorben war, gelangte das Schloss 1770

in den Besitz der Freiherren von Palandt-Osterveen und später in die Hand der Familie Forell, die es 1900 an die Harpener Bergbau AG verkaufte, von der es 1947 die Stadt Herne erwarb.

Das heutige Wasserschloss liegt inmitten eines 200 x 200m großen Teiches. Erhalten blieben der mächtige dreigeschossige Pavillonturm mit Pyramidendach aus dem 14. Jahrhundert sowie zwei zweigeschossige Gebäudeflügel mit Walmdach. Im Eingangsbereich prunkt eine risalitartig vorspringende Toreinfahrt mit Wappenkartusche aus dem Jahre 1664. Das Konsolgesims und die dichte Reihung der Fenster verleihen dem Schloss eine schlichte Eleganz, die durch den im Zuge einer umfassenden Restaurierung im Jahre 1975 bis 1980 angebrachten gelben Putz besonders zur Geltung kommt.
Besonders erwähnenswert ist ferner das Jugendstiltor von Heinrich Füssmann, das 1900 bei der Pariser Weltausstellung gezeigt worden war.

Adresse: Herne-Zentrum, Karl-Brandt-Weg 5

den Räumen der oberen Etage Gemälde aus der eigenen Sammlung unter besonderer Berücksichtigung heimischer Künstler präsentiert werden. Auf dem Weg dorthin kommt man an der 1272 erbauten gotischen Schlosskapelle vorbei, in die ein Blick zu werfen, der Mühe wert ist.

Weiter geht es nach Schloss Bladenhorst. Hierzu fährt man auf den Emscherschnellweg (A 42) zurück in Richtung Dortmund, den man auf der Ausfahrt 25 Bladenhorst wieder verlässt. Nach links die Autobahnbrücke unterqueren und auf dem Westring in Richtung Bladenhorst fahren. Nach etwa 2 km erreicht man Schloss Bladenhorst. Es gibt wenig Parkmöglichkeiten. Eventuell 1 km wieder zurückfahren und den rechter Hand ausgewiesenen Parkplatz nehmen, von dem aus man auch Spaziergänge (s. u.) unternehmen kann.

Der Schlosspark, der sich auf Rundwegen um die Gräfte durchschreiten lässt, erfreut durch große Rasenflächen und alten Baumbestand. Besonders beeindruckend ist die Baumblüte im Frühling.

Sehr empfehlenswert ist ein Besuch des Emschertalmuseums im Schloss mit einer umfangreichen Ausstellung westfälischen Brauchtums. Schwerpunkt ist jedoch die Sammlung zur paläontologischen Ur- und Frühgeschichte des Emschergebietes mit beeindrukkenden Exponaten, wie Skeletten und Knochen von Mammut, Höhlenbär, Moschusochsen, Nashorn usw. Sehenswert auch die umfangreiche Waffensammlung, die Münzsammlung sowie die Glas- und Keramiksammlung. Nicht versäumen sollte man einen Besuch der Städtischen Galerie, die nur 200 m vom Schloss entfernt in einer Villa untergebracht ist und interessante Wechselausstellungen zeigt, während in

Schloss Bladenhorst

Von den 1226 erstmals erwähnten Herren von Blanhurst gelangte der Hof 1332 an Rüttger von Düngelen, der einen Umbau zu einer wehrhaften Burg vornahm. Der weitere Umbau zu einer Vierflügelanlage im Stil der Renaissance erfolgte zwischen 1532 bis 1584 durch die Herren von Viermundt.

Das Herrenhaus, dessen Ostflügel im 19. Jahrhundert abgerissen wurde, hatte vier polygonale Ecktürme mit welscher Haube, von denen drei noch erhalten sind. Es war mit einem Erdwall und Doppelgräben, die im Laufe der Zeit teilweise zugeschüttet wurden, gesichert. Prunkstück der Anlage ist das als Wehrbau ausgebildete halbkreisförmige Torhaus aus Backstein, dessen Innenseite als fünfstufiger Treppengiebel ausgebildet und von einem mehrgliedrigen pyramidenförmigen Ziegeldach bedeckt ist. Besonders bemerkenswert ist der in Form des gotischen Vierpasses umlaufende Fries aus grün glasierten Kacheln, die sich auch als Bauschmuck an der Eingangsfront des Herrenhauses und an den Türmen wiederfinden. Die Anlage befindet sich derzeitig in einer Restaurierungsphase, wobei auch das Umfeld neu gestaltet wird.

Castrop-Rauxel, Westring

Etwa 1 km südlich des Schlosses wurde vom Kommunalverband Ruhrgebiet der 112 Hektar große Landschaftspark Bladenhorst angelegt, Parkplatz vorhanden (s. o.). Hier wechseln sich der herrliche Hochwald mit seinen 100-jährigen Buchen- und Eichenbeständen des Castroper Holzes mit Feuchtgebieten, Obstwiesen und Grünland ab. Im Süden des Parks schließt sich auf dem ehemaligen Gelände der Zeche Teutoburgia ein Skulpturenpark unter dem Namen Kunstwald Teutoburgia an. Hierzu fährt man auf den bereits oben erwähnten Parkplatz 1 km in Richtung Autobahn. Ein markierter Weg führt durch Weideland, über stillgelegte Gleise hinweg vorbei an Schrebergärten zum Park. Der Weg ist nicht immer leicht zu finden, da die Markierungen überwuchert sind. Der Park ist schnell durchschritten. Besonders sehenswert ist jedoch die sich anschließende Zechensiedlung Teutoburgia, die dem Fotofreund herrliche Motive bietet. Wer nicht gut zu Fuß ist und auch kein Fahrrad dabei hat, fährt mit dem Auto den Westring zurück zur Autobahn, unterquert diese und gelangt an eine Ampelkreuzung. Hier rechts in die Herner Straße Richtung Herne abbiegen. Nach etwa 1 km rechts in die Baarestraße einbiegen, an deren Ende sich der Zugang zum Park öffnet.

Weiter geht es nach Haus Goldschmieding. Hierzu fährt man auf dem Westring zurück auf die A 42 Richtung Dortmund. Nächste Abfahrt, AS 26 Castrop-Rauxel nach rechts auf die Habinghorster Straße abfahren und der B 235 folgen, bis diese nach etwa 2 km eine weit geschwungene Rechtskurve macht. Hier links in die Dortmunder Straße einbiegen. Nach wenigen Metern ist links Haus Goldschmieding ausgeschildert. Parkplätze sind vorhanden.

Haus Goldschmieding

Von dem ehemaligen Haus Goldschmieding, dessen Ursprünge in das 13. Jahrhundert zurückreichen und das auf zwei Inseln im Stil der Lippe-Renaissance erbaut war, ist nichts mehr erhalten. Der heutige zweigeschossige Putzbau mit dem Stumpf eines Rundturms wurde in den Jahren 1583-1597 von den Herren von Schell erbaut und war ursprünglich doppelt so groß. 1838 wurde es an den Gutsbesitzer Friedrich Klönne verkauft und gelangte 1872 an den Iren William Thomas Mulvany, der sich u. a. um die Einrichtung der Castroper Pferderennen verdient gemacht hat. 1905 wurde es an die Gelsenkirchener Bergwerks-Aktiengesellschaft verkauft, die es zu Dienstwohnungen für ihre Bergwerksdirektoren umbauen ließ.

Der gepflegte, zweigeschossige Putzbau besticht durch seine schlichte Eleganz. Beachtenswert ist der figurenreiche, an die prächtigen Kamine in Schloss Horst (Gelsenkirchen) erinnernde Renaissancekamin aus dem Jahre 1597, der auch von Nicht-Restaurantbesuchern besichtigt werden kann. In den acht Feldern des Sturzes ist der Triumphzug der Tugenden und Laster dargestellt, im Giebel darüber befindet sich das Allianzwappen der Erbauer.

Weiter geht es nach Haus Dorloh. Hierzu biegt man, vom Parkplatz kommend nach links in die Dortmunder Straße ab. Nach 600 m links in die Grimbergstraße abfahren, dann dritte Querstraße nach links in die Bodelschwingher Straße und nach 400 m rechts in die Dorlohstraße abbiegen. Diese führt etwa 1,5 km über freies Feld. Erste Möglichkeit rechts abbiegen in die Schieferbergstraße. Parken ist möglich, es gibt jedoch keinen ausgewiesenen Parkplatz. Am Ende der Straße geradeaus den breiten Wanderweg (Kastanien-Allee) hinaufgehen.

Bemerkenswert sind auch die geschnitzten Türwappen am Eingangsportal.

Haus Goldschmieding beherbergt neben einem Hotelbetrieb und einem Restaurant mit heimischer Küche ein weit über die Grenzen hinaus bekanntes Gourmet-Restaurant.

Die dem alten Herrenhaus vorgelagerten Hotelbauten, die über eine mit alten Bäumen bestandenen Allee erreicht werden, fügen sich zu einem harmonischen Ensemble zusammen

Adresse : Castrop-Rauxel, Ringstraße 99

Ein gepflegter Landschaftspark mit kleinen Rundwegen umgibt das Herrenhaus. Mächtige Baumstümpfe sowie alter Baumbestand an einem Steilhang, wie er für Mittelgebirge typisch ist, überraschen den Besucher. Es finden sich auch weiterführende Wanderwege, von denen der mit einem Dreieck markierte zu unserem nächsten Objekt, nämlich Haus Dorloh führt.

Haus Dorloh

Haus Dorloh ist im eigentlichen Sinn kein Schloss, wenngleich es manchmal als solches bezeichnet wird. Es wurde in den Jahren 1869-72 von Freiherr Carl von Bodelschwingh-Plettenberg für seinen Schwiegersohn Freiherrn zu Innhausen und Knyphausen im Stil einer klassizistischen Gründerzeitvilla erbaut. Noch heute befindet es sich im Besitz dieser Familie. Der Name Dorloh ist der alten Flurbezeichnung Dorlöchte, die bereits 1440 erwähnt wird, entnommen. Der Grund und Boden gehörte einst zu drei Höfen, die eine lange Tradition aufweisen können: Hof Begybink, hervorgegangen aus dem gleichnamigen Rittergut (1266), Hof Schulte-Lebbing aus dem ebenfalls gleichnamigen Rittergut (1297) und dem Hof Vogel (1220). Mit diesen drei Dinger Höfen war Haus Bodelschwingh seit dem Mittelalter grundherrlich verbunden gewesen.

Haus Dorloh liegt am Hang der Dinger Berge inmitten eines Parks mit stattlichen Laubbäumen. Der Blick von der Anhöhe gleitet weit in die Ebene hinaus. Da das Haus in privater Hand ist und bewohnt wird, ist eine Besichtigung nicht möglich.

In dem angrenzenden Gehölz kann man jedoch einen Spaziergang unternehmen, u. a. den Wanderweg nach Haus Goldschmieding.

Weiter geht es nach Schloss Bodelschwingh. Hierzu fährt man die Schieferbergstraße zurück und biegt nach rechts in die Talstraße ab. Diese stößt nach etwa 100 m auf die Mengeder Straße. Dieser bis zur Ampelkreuzung folgen, und geradeaus über die Ampel hinweg die Richterstraße weiterfahren, welche in die Deininghauser Straße mündet. Den Ortskern durchfahren, bis man rechter Hand die evangelische Kirche liegen sieht. Hier parken, ein Parkplatz muß gesucht werden. Von der Kirche aus führt ein Fußweg zum Schloss Bodelschwingh, auf das jedoch kein Schild verweist.

Haus Bodelschwingh

Haus Bodelschwingh besticht durch seinen fassadenreichen, vielgliedrigen Baukörper, umflossen von einer Gräfte, in deren Wasser sich bei klarem Wetter das Spiegelbild gestochen scharf abzeichnet. Es entspricht schlechthin dem Bild, das man sich von einem Wasserschloss macht.

Der in seiner Vielfalt einheitlich wirkende Baukörper weist eine über mehrere Jahrhunderte reichende Baugeschichte auf. Der gotische Kernbereich entstand bereits um 1300 und ruht auf Rundpfeilern und Kellergewölben. Der Hauptbaukörper aus dem 16. und 17. Jahrhundert besteht aus zwei im rechten Winkel zu einander stehenden Trakten, deren hohe Satteldächer mit geometrisch angeordneten Fledermausgauben verziert sind. Die hohen, mit Kugelaufsätzen verzierten Volutengiebel im Renaissancestil verleihen dem Bau ein repräsentatives Aussehen. Besonders reizvoll ist der im Winkel der Trakte stehende viergeschossige Eingangsturm, der das Treppenhaus mit Wendeltreppe (1595) aufnimmt, in das ein barockes Portal Einlass gewährt. Dieses wird von der Vorburg aus über eine barocke Bogenbrücke erreicht. In den Winkel von Eingangsturm und Hauptgebäudetrakt schmiegt sich ein kleiner, eingeschossiger Turm, der mit seiner welschen Haube einen besonderen Blickfang darstellt. An der nordwestlichen und südöstlichen Ecke des Gebäude-Ensembles wurden zweigeschossige Türme mit welscher Haube angefügt, die zur Belebung der Fassade beitragen und die vielgliedrige Struktur des Baukörpers unterstreichen. Der optische Zusammenhalt der verschiedenen Baukörper wird durch die horizontale Gliederung mit Hilfe von Gurtgesimsen und den einheitlich rechteckigen Fensterformaten unterschiedlicher Größe erreicht. Das Schloss befindet sich heute noch in der Nachkommenschaft seiner Erbauer.

Adresse: Dortmund-Bodelschwingh, Schlossstraße 75

Vom Torhaus aus führt eine mit alten Ahornbäumen gesäumte Allee zum Familienfriedhof, in dem sich der „Tempel der Ruhe“, ein achteckiger Monopteros im klassizistischen Stil, befindet.

Der Zutritt auf die Vorburg und in den Park ist leider untersagt. Man hat jedoch von der Zufahrtstraße aus einen schönen Blick auf das malerische, von der Gräfte umflossene Schloss.

Von hier aus geht es weiter nach Haus Westhusen im Ortsteil Westerfilde. Hierzu fahren Sie auf die Bodelschwingher Straße Richtung Dortmund. Nach etwa 500 m unterquert man eine Eisenbahnlinie und erreicht nach weiteren 500 m eine Ampelkreuzung. Hier rechts in die Westerfilder Straße einbiegen und den Hinweisschildern folgen.

Haus Westhusen

Haus Westhusen wurde 1332 von Gerlach Specke zu Westhusen erbaut. Nach der Zerstörung im 30-jährigen Krieg erfolgte der Wiederaufbau im Jahre 1620 als Rechteckbau. Die Neuerrichtung der Wirtschaftsgebäude vollzog sich in den Jahren 1853-56. Das alte Herrenhaus wurde 1886-88 dem Zeitgeschmack entsprechend im neugotischen Stil umgebaut. Die Restaurierung dieses Baues erfolgte dann zwischen 1974 und 1979 und mündete schließlich in den Umbau zu einem Seniorenheim.

Das zweigeschossige Herrenhaus ist mit einem Satteldach, dem kleine Turmhäuser aufgesetzt sind, gedeckt. Stufengiebel mit Gesimsgliederung, Giebelfenstern und Ochsenaugen lockern die Fassade auf. An der Nordostseite befindet sich ein polygonaler Eingangsturm mit pyramidalem Turmhelm, der das Wohnhaus um ein Mezzaningeschoß überragt. Man erreicht diesen über eine Freitreppe. Über dem hell abgesetzten Portal befindet sich das Familienwappen. Im Südosten liegt eine Terrasse, die von einer mit Dachzinnen besetzten Mauer umschlossen wird, aus der sich ein freitragendes Erkertürmchen über dem Wasserspiegel erhebt.

Die zu Wohn- und Wirtschaftstrakten ausgebauten Seitengebäude, die heute als Seniorenwohnungen genutzt werden, umschließen zusammen mit dem Herrenhaus einen parkartig ausgestalteten Innenhof. Gepflegte Fußwege führen in das angrenzende Waldstück.

Adresse: Dortmund-Westerfilde
Schloss-Westhusener-Straße 71

An dieser Stelle endet die mittlere Schlossroute. Zur Rückreise an Ihren Heimatort fahren Sie die gleiche Strecke in Richtung Marten zurück. Kurz vor der Ortsmitte finden Sie ein Hinweisschild zur A 40 (Ruhrschnellweg).

Und was ist mit der Emscherzone? Hier soll es Schlösser geben?

Keine Region hat in den letzten Jahren ihr Gesicht so stark verändert wie das Land „zwischen Rhein und Ruhr". Das gilt ganz besonders für die Emscherzone, die von dem durchziehenden Bergbau, von einer starken Zersiedlung und den Kriegsauswirkungen schwer betroffen war. Wer lange nicht im Ruhrgebiet gewesen ist, mag sich wundern, keine rauchenden Schlote mehr zu finden, keine verrußten Werkhallen. Manchmal zogen sie sich Hunderte Meter an kopfsteingepflasterten Straßen entlang. Meterdicke Rohrleitungen quollen aus ihnen heraus, in denen es bisweilen beängstigend knisterte, als trieben Kobolde in ihnen ihr Unwesen. Die typische Ruhrgebietsluft, angereichert mit feinsten Kohlestaubpartikeln und schwefelhaltigen Abgasen aus den Kokereien, ein sicheres Zeichen, dass man sich dem Revier näherte, ist Vergangenheit. Was den Einheimischen soviel wie Heimat bedeutete, trieb dem Fremden Tränen in die Augen.

Wer erinnert sich noch, wenn der nächtliche Himmel plötzlich an schlimme Bombennächte gemahnend rot aufglühte, oder der Reisende zwischen Gelsenkirchen und Wanne Eickel aus „bedrohlicher" Nähe im vorbeifahrenden Zug Zeuge eines Konverterabstiches wurde? Manche sahen darin die Romantik des Ruhrgebietes, andere, die unter Tage oder in den Walzwerken wegen der großen Hitze mit bloßem Oberkörper „malochten", empfanden es als rauhe Wirklichkeit.

Die meisten dieser Industriekomplexe sind verschwunden. Vereinzelt aber gibt es sie noch, frisch

gestrichen, weithin sichtbar wegen ihrer hohen Schlote, aus denen bisweilen weiße Schwaden ziehen, nahezu geruchlos. Andere wiederum haben als Industriedenkmal einen neuen Platz in unserer Gesellschaft gefunden. Auf der „Route der Industriekultur" ziehen sie Touristen von nah und fern in diese Region. Zwischen den konservierten Stahlkolossen hat sich inzwischen eine neue Flora entwickelt, die bereits das Interesse der Botaniker auf sich gezogen hat. Andere, aufgegebene Industrieflächen sind begrünt worden, die Abraumhalden mit Bäumen und Buschwerk bepflanzt und für die Naherholung freigegeben.
Das Ruhrgebiet, das Land der „tausend Hügel"?
Grün ist jetzt die Farbe des Reviers.
Und wie steht es mit der Kultur, mag man sich fragen. Die Antwort kommt prompt: das Ruhrgebiet ist die größte zusammenhängende Kulturregion Europas. Zwischen Dortmund und Duisburg sind vier Opernhäuser und fünf Orchester, die zahlreichen Orchester an den Musikhochschulen, den städtischen Musikschulen und Gymnasien sowie die Laienorchester nicht mitgezählt. Darüber hinaus gibt es natürlich mehrere große Schauspielhäuser, Zimmertheater, Ballettensembles, von Museen ganz zu schweigen. Wir winken ab. Das wissen wir längst und könnten weit mehr aufzählen.
Schon gut, mag der Skeptiker einwenden, aber Schlösser und Burgen, das habt ihr natürlich nicht. Hier spätestens kommt selbst der Kenner des Ruhrgebietes ins Schleudern. Unsere Schlösser und Burgen liegen vor

unserer Tür im Münsterland, wird er antworten. Ein paar Burgruinen soll es auch an der Ruhr geben, z. B. Hohensyburg, die Isenburg und die Burgruine Blankenstein. Aber gibt es wirklich keine Schlösser und Burgen im Emschertal? Natürlich gibt es sie. Warum sind sie selbst für den Einheimischen so wenig bekannt? Hierfür gibt es mehrere Gründe: Burgen und Schlösser liegen meist in exponierter Lage, auf Anhöhen oder an wichtigen Handelsstraßen. Häufig waren sie Kristallisationspunkt für eine Ansiedlung, die zu einer Stadt heranwuchs. Im Ruhrgebiet ist die Stadtentwicklung andere Wege gegangen. Von alten Ortskernen ausgehend wuchsen die Städte den aufkommenden Industrieanlagen zu. Häufig war es auch umgekehrt. Im unmittelbaren Umfeld von Zechen und Industrieanlagen, die auf der grünen Wiese aus dem Boden schossen, entstanden Zechen- und Werkssiedlungen. Die Bedeutung der Burgen trat in den Hintergrund ebenso wie die der Adelshäuser und deren Besitzer. An ihrer Stelle standen jetzt Industriebarone und Bürgermeister. So kam es, dass manche Burg ins Abseits eines weniger attraktiven Stadtteils rückte oder zwischen den Städten dem stetigen Verfall anheim fiel. Kaum einer hat es bemerkt. Die Zerstörungen im Zweiten Weltkrieg taten ein Übriges.

Inzwischen aber hat sich das Bild gewandelt. Die Kommunen haben ihre Schätze entdeckt. Der Denkmalschutz hat in Stadt und Land einen erhöhten Stellenwert erlangt. Manche der vorhandenen Adelssitze, vor allem, wenn sie sich im Besitz der Kommunen oder der Industrie befinden, wurden einem neuen Verwendungszweck zugeführt und befinden sich in einem guten baulichen Zustand. Andere wiederum werden derzeit restauriert. Die Fortschritte sind sichtbar. Nur wenige fristen noch das traurige Los des weiteren Verfalls. Bei dem heutigen Bewusstsein zur Erhaltung historischer Baudenkmäler, das von weiten Teilen der Bevölkerung mitgetragen wird, dürfte der Tag nicht mehr fern sein, dass alle erhaltenswerten Objekte auch tatsächlich saniert worden sind. Es ist allerdings eine Frage der zur Verfügung stehenden finanziellen Mittel, sowohl der privaten Eigner, wie auch der Kommunen.

Schon sind die Brachen der stillgelegten Zechen und Stahlwerke begrünt und allmählich tritt das Gesicht der ursprünglichen Landschaft zwischen den Städten wieder hervor. Die Konturen des ehemaligen Gras- und Weidelandes, umgrenzt von den Flussauen des Rheins, der Ruhr und Lippe, von zahlreichen Bruchlandschaften durchsetzt, bestimmen wieder das Landschaftsbild zwischen den urbanisierten Zonen. Hin und wieder gewähren sanfte Bodenwellen einen bescheidenen Ausblick ins Land. Jetzt auch passen wieder die alten Adelssitze in die Landschaft. Doch noch immer sind sie nicht von der heimischen Bevölkerung entdeckt, erst recht nicht von den Ortsfremden. Schade, denn sie sind beredte Zeitzeugen längst vergangener Tage. Und wer sich ein wenig mit der Genealogie der ansässigen Adelshäuser beschäftigt - häufig genügt schon ein Blick auf die Hinweistafeln an den Schlossmauern - wird sich wundern, dass er auf manch einen bekannten Namen stößt.

Ermelinghof
Heessen
Oberwerries
Cappenberg
Reck
Schwansbell
Oberfelde
Wenge
Heeren
Unna
Sölde
Rodenberg
Emscherquelle
Opherdicke
HAMM
HEESSEN
BOCKUM-HÖVEL
WERNE
BERGKAMEN
KAMEN
UNNA
Bönen
BRACKEL
APLERBECK
Holzwickede
FRÖNDENBERG
Wickede
Südkirchen
Schmintrup
Ehring-
hausen
Cappen-
berg
Langern
Varnhövel
Lenklar
Lippe
Heil
Wethmar
Becking-
hausen
Ober-
aden
Wedding-
hofen
Schön-
hausen
Nieder-
aden
Methler
Lanstrop
Westick
Kaiserau
Süd-
kamen
Hostedde
Grevel
Kurl
Husen
Wasser-
kurl
Scharnhorst
Wickede
Asseln
Massen
Wickeder
Chaussee
Funkturm-
Siedl.
Massener
Heide
Billmerich
Opherdicke
Sölder-
holz
Lichten-
dorf
Berghofen
Schwerter
Heide
Hengsen
Overberge
Sommer-
berg
Geisecke
Hennen
Barsen
Killwinkel
Horst
Holsen
Kol.
Radbod
Holt-
hausen
Stockum
Evenkamp
Ostfeld
Sand-
bochum
Herringen
Kissinger-
höfen
Daberg
Wiescher-
höfen
Wester-
heide
Rünthe
Pelkum
Selmiger-
heide
Lerche
Overberge
Nordbögge
Rottum
Altenbögge
Derne
Heeren
Werve
Königsborn
Mühl-
hausen
Uelzen
Lünern
Bramey
Lenningsen
Steinen
Hemmerde
Stockum
Sidding-
hausen
Kessebüren
Ostbüren
Frömern
Strick-
herdicke
Ardey
Dellwig
Langschede
Dahl-
hausen
Halingen
Bösperde
Holzen
Schwitten
Hohen-
heide
Stentrop
Neimen
Frohn-
hausen
Warmen
Bentrop
Bausen-
hagen
Wiehagen
Schaf-
hausen
Schlückingen
West-
büderich
Holtum
Ost-
Budberg
Hilbeck
Flierich
Oster-
flierlich
Oster-
bönen
Wester-
bönen
Weetfeld
Freiske
Rhynern
Allen
Berge
Lohauser-
holz
West-
tünnen
Caldenhof
Braam
Mark
Werries
Kurpark
Ost-
wennemar
Maximilianspark
Mannesmann-Hoesch
Gmbh
B.Heinr.-Robert AG
Bergwerk
Hs.Aden/Monopol
Datteln-Hamm-Kanal
Kamener Kreuz
Hamm-Bockum/
Werne
Hamm/
Bergkamen
Kamen/
Bergkamen
Kamen-
Zentr.
Dortmund-
Lanstrop
Unna-
Zentr.
Kreuz
Dortmund/
Unna
Unna
Ost
Kreuz Werl
Werl-Nord
Raststätte
Flugplatz
Holzwickede
Ruhr
Hönne
Ahse
Wimbern
Nieder-
Barge
Oesbern
Schwerte

Schlösser Route östlicher Teil

Die östliche Route verläuft nahezu geradlinig von West nach Ost. Sie beginnt mit **Schloss Schwansbell** in Lünen, macht einen kleinen Abstecher nach Norden zum **Schloss Cappenberg**. Von hier aus geht es weiter in den Dortmunder Norden nach **Haus Wenge,** dann in den Kamener Raum nach **Haus Oberfelde, Haus Heeren und Haus Reck,** und weiter führt sie uns nach Hamm zum **Haus Ermelinghof, Schloss Heessen, Schloss Oberwerries und zum Schluss nach Haus Uentrop.**

Da auch diese Route für eine Tagestour zu umfangreich ist, sollte man sie in zwei Teilabschnitte zerlegen, nämlich in den ersten Tagesausflug nach **Schloss Schwansbell, Schloss Cappenberg, Haus Wenge, Haus Oberfelde und Haus Heeren** und in den zweiten nach **Haus Reck, Haus Ermelinghof, Schloss Heessen, Schloss Oberwerries und Haus Uentrop.**

Wir beginnen die östliche Schlösser-Route mit Schloss Schwansbell. Die Anreise erfolgt über die A 2 Abfahrt 13, Dortmund Nordost. Man gelangt auf die B 236 und fährt diese in Richtung Stadtmitte Lünen. Diese Straße, zunächst Dortmunder Straße, später Viktoriastraße wird, nachdem man die Stadtmitte an der Südseite umfahren hat, als Kamener Straße (B 61) in Richtung Kamen weitergeführt. Nachdem man die große Kreuzung mit der Schumacherstraße passiert hat, erscheint nach etwa 500 m auf der rechten Seite ein braunes Schild „zum Stadion Schwansbell". Hier abzweigen und den Wagen auf dem Parkplatz abstellen. Man überquert dann zu Fuß die an dieser Stelle kanalisierte Seseke und sieht links vor sich das Schloss hinter hohen Bäumen im Park liegen.

Schloss Schwansbell

Die alte Burg aus dem späten 10. Jahrhundert, an die lediglich noch der Sockel eines Rundturms erinnert, lag auf einer Insel, deren Gräfte von der Seseke gespeist wurde. Sie war Sitz der Ritter von Swanebollen (erste Erwähnung im 14. Jahrhundert), die in den Diensten der Grafen von der Mark standen. Bis um 1700 blieb sie nachweislich im Besitz der Herren von Schwansbell. 1829 ging die ehemalige Wasserburg durch Erbschaft in den Besitz der Grafen von Westerholt über. Nach einem Brand im Jahre 1850 wurde die stark verfallene Burganlage abgerissen und angepasst an den veränderten Geschmack, in den Jahren 1872-75 an gleicher Stelle als Wasserschloss wieder aufgebaut.

Das im neugotischen Stil errichtete Herrenhaus mit zwei polygonalen Ecktürmen und Mittelrisalit steht in einem als Englischer Garten angelegten Schlosspark, in dem buntlaubige und auffällig blühende

Bäume besonders im Frühling eine beeindrukkende Kulisse abgeben. 1929 ging das Haus in den Besitz der Stadt Lünen über, die es 1981 an einen Burgenliebhaber verkaufte, der es großzügig im Sinne der Denkmalpflege restaurierte und an die Stadt Lünen vermietet hat. Heute befindet sich im Erdgeschoss das Standesamt der Stadt Lünen.

Im ehemaligen Gesindehaus wurde ein Puppen- und Heimatmuseum eingerichtet. Benachbart hierzu befindet sich ein Restaurant für gehobene Ansprüche, sowie ein Biergarten hinter dem Haus.

Adresse: Lünen-Horstmar,
Schwansbeller Weg 32-34

Der schöne Park lädt zu einem Rundgang ein, den man auch zu einem Spaziergang zum Horstmarer See mit Liegewiesen ausdehnen kann. Hierzu auf dem Schwansbeller Weg nach Osten gehen und den Kanal überqueren.

Weiter geht es nach Schloss Cappenberg, das zwar außerhalb des Emscher Landschaftsparks liegt, aber wegen seiner Bedeutung und der geringen Distanz zu unserem Zielgebiet nicht unerwähnt bleiben darf. Hierzu fährt man auf die Hauptstraße zurück, biegt links in die B 61 Richtung Stadtmitte Lünen ein, an der Kreuzung mit der Kurt-Schumacher-Straße rechts abbiegen Richtung Selm, sodann dem Schild Schloss Cappenberg folgen. Die Straße führt durch ein Waldstück, an dessen Ende eine kleine Straße rechts abzweigt, von der aus man nach 500 m einen schönen Blick auf das Schloss hat. Ansonsten geradeaus weiter fahren. Man sieht Schloss Cappenberg auf einer Anhöhe liegen. Parkplätze sind links neben dem Haupteingang vorhanden.

Schloss Cappenberg

Schloss Cappenberg stammt in seiner heutigen Erscheinungsform im wesentlichen aus dem 17. und 18. Jahrhundert und geht auf die Propstei des Prämonstratenserklosters zurück. Es steht an gleicher Stelle wie die mittelalterliche Burg, die die Grafen von Cappenberg einst als Stiftung an die Prämonstratenser gemacht hatten, von der jedoch nichts erhalten geblieben ist. Es wird vermutet, dass die einstige Burg im Dreißigjährigen Krieg zerstört wurde. Die Kenntnisse über die Baugeschichte sind jedoch spärlich. Ausgrabungen könnten wertvolle Informationen erbringen, sind z. Zt. aber wohl nicht geplant.

Die zweigeschossige Dreiflügelanlage weist mit ihrem 17-achsigen Mitteltrakt, aus dem ein dreiachsiger Mittelrisalit hervortritt, ein beachtliches Ausmaß auf. Letzterer wird von einem dreieckigen Giebelfeld mit üppigen Akanthusvoluten gekrönt, in denen sich auf kleinen Sockeln drei Imperatorenbüsten mit Lorbeerkränzen befinden. Es wird vermutet, dass die Kränze Bezug nehmen auf den silbernen Laubkranz, den das berühmte Cappenberger Bildnis von Kaiser Friedrich Barbarossa (s. u.) bis zur Säkularisierung noch trug. Die vergoldete Inschrift aus Majuskeln (Großbuchstaben) lautet: DEO TRI-UNI ARCHITECTO MAGNO, dem dreieinigen Gott, dem großen Baumeister.

Im pfannengedeckten Walmdach treten halbkreisförmige Gauben hervor. Die Fenster, sowie das Portal, zu dem ehemals eine zweiläufige Treppe führte sind mit Sandsteingewänden gefasst, während die Stockwerke durch ein Gurtgesims hervorgehoben werden.

Schloss Cappenberg war der Alterssitz des ehemaligen preußischen Wirtschafts- und Finanzministers Reichsfreiherr Karl Friedrich vom und zum Stein, der es bis 1830 bewohnte.
Er hat auf die Umgestaltung des Schlosses (klassizistische Wohnräume im Obergeschoss) und der Parkanlage großen Einfluss genommen. Der exotische Baumbestand im Schlosspark soll aus Samen gezogen sein, die Alexander von Humboldt von seinen Weltreisen mitgebracht hatte.

Auf dem Schlossgelände befindet sich die von den ausladenden Schlossflügeln umrahmte Stiftskirche, die nur mit Führung zu besichtigen ist, ferner das Pfarrhaus, der Wasserturm im romantisierten Baustil sowie Wirtschaftsgebäude. Die barocke Toranlage mit zwei dreigeschossigen Torhäusern, deren Fenster im Mittelgeschoss übergiebelt sind, und zwei profilierten Torpfeilern mit girlandengeschmückten Vasen erstrahlen wieder im leuchtenden Gelb.
Die ehemalige Stiftskirche, eine romanische, dreischiffige Pfeilerbasilika aus dem Jahr 1148, beherbergt wertvolle Kunstschätze. Neben dem reichverzierten Chorgestühl und dem Flügelaltar des „Meisters von Cappenberg" ist besonders das Kopfreliquiar mit dem Bildnis Friedrich Barbarossas zu erwähnen. Diese Bildnisbüste Friedrichs war ein Geschenk an seinen Taufpaten Otto von Cappenberg, einen der Stifter Cappenbergs.

Ein großer Teil der Schlossräume ist an den Kreis Unna verpachtet, der in Zusammenarbeit mit der Stiftung Preußischer Kulturbesitz Berlin Ausstellungen zu wechselnden Themen durchführt. Ferner beherbergt das Schloss das „Freiherr von Stein Archiv", das dieser bereits zu Lebzeiten angelegt hat und das über zahlreiche Gemälde verfügt, die zum Teil vom Freiherrn in Auftrag gegeben worden sind.

Adresse: Selm-Cappenberg, Schlossplatz

Spaziergänge in der weiträumigen Parklandschaft mit dem Wildgehege sind empfehlenswert, zur Zeit jedoch wegen Restaurierungsarbeiten am Schloss nicht möglich

Weiter geht es nach Haus Wenge. Hierzu fahren wir die gleiche Strecke Richtung Lünen bis zur Kreuzung mit der B 61 zurück, überqueren diese und folgen der Kurt-Schumacher-Straße Richtung Autobahn A 2. An der nächsten großen Kreuzung biegt man links in die Bebelstraße ein. Ab hier den braunen Schildern „Route Industriekultur" folgen. Diese führt nach 2 km zu einem versetzten Straßenknotenpunkt. Diesen passieren, nach der Eisenbahnunterführung rechts abbiegen und weiter den braunen Schildern etwa 1,5 km folgen. Am Ende dieser Straße, wenn die „Route Industriekultur" scharf nach rechts abzweigt, nach links in den Ortskern von Lanstrop abbiegen. Schon nach etwa 200 m zweigt links die Alekestraße ab. Auf der linken Seite strahlt einem das leuchtende Rot von Haus Wenge entgegen.

Haus Wenge

Erste Erwähnung um 1300 als Sitz der Ritter von der Weynghe. Die alte Burganlage wurde 1598 durch spanische Truppen zerstört. Um 1600 erfolgte der Wiederaufbau nach der alten Vorlage. Haus Wenge ist im Dortmunder Raum das einzige Adelshaus mit spätgotischen Formen. Das zweigeschossige Herrenhaus mit Staffelgiebeln, einst von einer Gräfte umflossen, die auch die 1962 abgerissenen Wirtschaftsgebäude sowie die Kapelle umgaben, liegt heute in einem städtischen Park. Von der Gräfte ist lediglich eine schmale Wasserfläche im Süden und Westen des Hauses verblieben, darinnen sich ein schmales, rechteckiges Erkerhäuschen mit spitzem Turmhelm, auf Konsolsteinen ruhend, spiegelt. Auf der gegenüberliegenden Seite befindet sich die mit Pilastern gerahmte Eingangstür, über der oberhalb eines Gurtgesimses der Wappenstein des Hauses Weynghe angebracht ist. Das Haus wird heute privat bewohnt, eine Innenbesichtigung ist daher nicht möglich.

Adresse: Dortmund-Lanstrop, Alekestr. 4

Weiter geht es zum Haus Oberfelde. Dazu fährt man die Alekestraße bis zur Hauptstraße zurück, biegt links auf die Lanstroper Straße ein und nach 50 m links in die Steinhofstraße. Diese gabelt sich nach etwa 200 m. Hier rechts (Am Burhag) und sofort links in die Niederadener Straße abbiegen, die nach etwa 500 m die Autobahn überquert und in die In-der-Heide-Straße übergeht. Nach weiteren 600 m zweigt rechts eine kleine Straße, An der Gräfte, ab. Hier den Wagen parken. Vom Spielplatz aus sieht man über die Gräfte hinweg Haus Oberfelde liegen.

Haus Oberfelde

1351 urkundlich als „Overfelt to Adene“ erstmals erwähnt. Ab 1630 mit dem Adelsgut „Aden“ vereinigt. 1793 fiel Haus Oberfelde an die Herren von Reck. 1821 brannte das Anwesen ab, wurde jedoch wieder aufgebaut und bis zu seinem endgültigen Abbruch im Jahre 1972 landwirtschaftlich bewirtschaftet. Erhalten blieb lediglich der „Spieker“, ein barockes Gartenhaus in malerischer Umgebung, das 1968 renoviert wurde, seitdem bewohnt ist und daher nicht besichtigt werden kann.

Adresse: Lünen-Niederaden, Zum Haus Oberfelde

Weiter geht es nach Haus Heeren. Dazu fährt man auf die Hauptstraße zurück und weiter bis zur Kreuzung. Dort nach rechts auf die Niederadener Straße und nach etwa 400 m links in die Mühlenstraße Richtung Oberaden abbiegen. Diese stößt nach 1 km auf die B 61, Lünener Straße. Hier nach rechts abbiegen und bis Kamen Stadtmitte fahren. An der ersten großen Ampelkreuzung nach rechts auf die B 233 Richtung Unna abbiegen. Nach etwa 1 km rechts nach Heeren-Werve abbiegen. Am Ortseingang von Heeren, links hinter der Kirche, führt eine Stichstraße zum Schloss.

Haus Heeren

Haus Heeren, ein zweigeschossiger Putzbau aus dem frühen 17. Jahrhundert, besticht durch seine schlichte Eleganz. Das Herrenhaus, von einer Gräfte umflossen, liegt auf einer Insel und wird durch eine Steintreppe erschlossen, die zu einem prächtigen Portal führt. Die rundbogige Portalöffnung wird von zwei auf rechteckigen Postamenten stehenden Säulen gerahmt. Über dem Portal ruht auf dem schlichten Schlussstein der Gewölbeöffnung eine im barocken Stil ausgeformte Supraporte mit Wappenstein. Neben dem Portal befindet sich ein in den Baukörper eingelassener, dreigeschossiger Turm mit Helm und aufgesetzter Laterne. An der Nordostseite ist ein ebenfalls dreigeschossiger, polygonaler Erkerturm mit pyramidalem Spitzdach angefügt.

Auf dem Gelände der Vorburg sind die Wirtschaftsgebäude in einer Dreiflügelanlage, deren mittlerer Trakt das Torhaus einbeschließt, untergebracht. An dem westlichen Gebäudeflügel ist das Doppelwappen der Erbauer, von wucherndem Weinlaub umrankt, eingelassen. Um die Gräfte führt ein kurzer Weg, von dem aus das Herrenhaus mit stillschweigender Zustimmung des Hausherrn betrachtet werden kann. Die alten Parkbäume und das angrenzende Weideland, durch das die Seseke, die auch die Gräfte mit frischem Wasser versorgt, dahinfließt, erinnern an die ländliche Idylle vergangener Tage.

Die nächsten vier Häuser liegen im Stadtgebiet von Hamm, das zwar zum Ruhrgebiet, nicht aber zum Emscher Landschaftspark gehört. Wegen der räumlichen Nähe und der Sehenswürdigkeit einiger Objekte erweitern wir daher die östliche Schlössertour bis an die Grenze des Ruhrgebiets.

Weiter geht es also nach Haus Reck. Hierzu fahren wir zurück auf die Hauptstraße (Heerener Straße), in diese links abbiegen und durch die Ortschaft weiter bis zur Kreuzung. Hier links Richtung Hamm bis Pelkum fahren. Gleich am Ortseingang links auf die B 61 Richtung Kamen einbiegen. Nach 5 km zweigt rechts, direkt vor der Autobahnbrücke der Huckenhollweg ab (aufpassen, da er leicht zu übersehen ist). Ein asphaltierter Landwirtschaftsweg führt nach etwa 1 km geradeaus auf Haus Reck zu.

Haus Reck

Erste Erwähnung im 14. Jahrhundert als Burg zur Heide. Mit der Recke'schen Erbteilung im Jahre 1392 wurde diese Sitz einer eigenen Linie und erhielt im 16. Jahrhundert den Namen Haus Reck. Die Herren von Reck hatten über mehrere Jahrhunderte das Drostenamt der Ämter Unna und Kamen inne, seit 1636 waren sie auch Gerichts- und Patronatsherren. Im Jahre 1709 wurde vom Preußischen König die „Herrlichkeit Reck" als selbstständiger Verwaltungs- und Gerichtsbezirk ins Leben gerufen. 1787 übernahm der Freiherr Senfft von Pilsach das Recke'sche Besitztum, und 1821 erfolgte der Verkauf an den Freiherrn von Syberg zu Busch. Seit 1897 ist Haus Reck im Besitz der Harpener Bergbau AG.

Das zweigeschossige Herrenhaus aus dem 16. Jahrhundert, eine ehemals wehrhafte Burganlage mit Vorburg, wurde im 19. Jahrhundert sowie später, im Jahre 1929 durch die Harpener Bergbau AG grundlegend umgebaut und restauriert. Weitgehend davon unberührt blieb der polygonale Wehrturm von 1554 mit geschweifter Haube, an den sich ein rundes Treppentürmchen anlehnt. Ein Wehrgang mit Schießscharten schließt sich an. Auf halber Höhe des Turmes befindet sich ein alter Wappenstein. Die Gräfte wurde bereits in früherer Zeit teilweise zugeschüttet. Die Wirtschaftsgebäude, heute verpachtet, stammen aus dem 18. Jahrhundert. An den Süd- und Ostportalen befinden sich jeweils erneuerte Doppelwappen aus dem 16. und 17. Jahrhundert, eines mit der Aufschrift: Recke-Delwig/Recke-Fridac und Recke- Recke/Recke-Volmestein.

Adresse: Hamm-Lerche, Huckenhollweg

Zur Weiterfahrt nach Ermelinghof fahren wir in Fahrtrichtung (Gutsweg), über die Autobahn hinweg bis zur Hauptstraße (L 664) und biegen dann nach rechts Richtung Pelkum ab. Hier treffen wir wieder auf die B 61, der wir jetzt in Richtung Hamm (braune Schilder „Route Industriekultur") durch Pelkum bis Hamm-Isenbeck (ca.10 km) folgen. In der Ortsmitte von Isenbeck biegt an einer großen Kreuzung die B 61 scharf nach rechts (Zentrum) ab. Wir fahren jedoch geradeaus in Richtung Hamm-Bockum-Hövel durch ein Gewerbegebiet, überqueren den Datteln-Hamm-Kanal sowie die Lippe, folgen dieser Straße noch etwa 2 km, bis diese an eine Ampelkreuzung auf die Ermelinghofstraße stößt. Hier rechts abbiegen, die Gleisanlage überqueren und vorbei an einem Gehölz, das bereits zur Parkanlage des Schlosses gehört. Vor der Toreinfahrt gibt es nur wenig Parkraum. Das Schloss befindet sich in Privatbesitz, das Betreten des Grundstückes ist zwar untersagt, der Blick auf das Hauptgebäude sowie zur Kapelle ist jedoch möglich.

Haus Ermelinghof

Erste Erwähnung als Landgut im Jahre 1350. Die heutige Anlage entstand im 17. und 18. Jahrhundert und ist von einer Gräfte umgeben, die vom Mesenbach gespeist wird. 1875 wurde nach einem Brand das Herrenhaus im neugotischen Stil wieder aufgebaut. Neben dem dreigeschossigen Putzbau mit dreigeschossigem Turmbau liegt das ehemalige Brauhaus, ein Ziegelbau aus dem Jahre 1627 mit Dreistaffelgiebel und übergiebeltem Vorbau. Gegenüber dem Hauptgebäude befindet sich ein zweiflügeliger Fachwerkbau aus dem Jahre 1800, dem ein klassizistisches Torhaus mit Staffelgiebel vorgelagert ist. Hier, im einstigen Wirtschaftsgebäude finden heute kleinere kulturelle Veranstaltungen statt. Im Bereich des Eingangstores liegt im Schatten alter Bäume die barocke Schlosskapelle aus dem 17. Jahrhundert.

Adresse: Hamm-Bockum-Hövel, Geinegge 38

Weiter geht es nach Schloss Heessen. Hierzu die Ermelinghofer Straße weiter fahren, bis diese auf die B 63 stößt. Dann nach rechts in Richtung Hamm abbiegen. Nach etwa 4 km stößt die B 63 auf die B 61. Dieser in Richtung Beckum folgen. Nach 2 km findet man das Schild Schloss Heessen, Landschulheim. Hier rechts abbiegen. Parkplätze sind genügend vorhanden.

Schloss Heessen

Der Vorgängerbau von Schloss Heessen wurde erstmals als Erbgut des Bischofs von Münster erwähnt. 500 m von diesem entfernt errichteten 1360 die Herren von Volmarstein einen Neubau, den 1437 Dietrich von der Recke übernahm und zum Schutz der Handelsstraße von Soest nach Münster zu einer gotischen Burg ausbaute. 1775 gelangte das Haus in den Besitz der Freiherren von Boeselager, die bis 1812 die Gerichtsbarkeit inne hatten und in deren Besitz es sich noch heute befindet. Haus Heessen wurde mehrmals umgebaut und im barocken, später im klassizistischen Stil erweitert, bis in den Jahren 1905 bis 1908 eine tiefgreifende Umgestaltung im neugotischen Stil nach Vorlagen aus dem 16. Jahrhundert erfolgte.

Das imposante Bauwerk mit seinen fialengeschmückten Schaugiebeln und innen liegender Kapelle im englischen Stil, die sich über zwei Etagen erstreckt und erst 1982 wiederentdeckt wurde, ist weithin sichtbar. In dem mehrflügeligen Herrenhaus ist heute ein Tagesgymnasium mit Internat untergebracht. Man betritt die Vorburg durch ein prächtiges Torhaus mit einem quadratischen Turm mit welscher Haube aus dem 18. Jahrhundert, über dessen Eingang sich ein Wappen befindet. Die Wirtschaftsgebäude mit Staffelgiebeln innerhalb der Vorburg, u. a. das frühere Brauhaus, an dem ein prächtiges Wappen aus dem Jahre 1590 prangt, stammen aus dem 16. Jahrhundert und werden heute teilweise als Klassenzimmer genutzt. Gegenüber dem Torhaus führt ein schmaler Steg über das Wehr auf eine von zwei Lippearmen eingeschlossene Insel, die „Liebesinsel", auf der schon Annette von

Droste-Hülshoff geweilt hat. Im Park befindet sich neben einigen neuzeitlichen Skulpturen auch ein achteckiges Gartenhaus aus dem 18. Jahrhundert mit fantasievoller Deckenbemalung, in dessen Anbau heute der Kunstunterricht stattfindet.

Adresse: Hamm-Heessen, Schlossstraße 1

Parkplätze sind ausreichend vorhanden. Wer ein Fahrrad im Huckepack bei sich führt, hat hier die Gelegenheit zu einer ausgedehnten Radtour durch die Lippeauen in beiden Richtungen.
Schloss Oberwerries liegt nur etwa 2,5 km entfernt. Man kann es auch bequem zu Fuß erreichen.

Weiter geht es nach Schloss Oberwerries. Hierzu kehren Sie auf die B 61 zurück und fahren diese in Richtung Beckum weiter. Nach etwa 3 km findet sich auf der rechten Straßenseite ein braunes Schild „zum Schloss Oberwerries". Hier rechts abbiegen und vor dem Tor parken.

Schloss Oberwerries

Vermutlich auf den Fundamenten einer alten Anlage wurde Schloss Oberwerries 1685-92 im Auftrag von Ida Freifrau von Beverförde-Werries, der Witwe des Eigentümers, vom Kapuzinermönch Ambrosius von Oelde erbaut, nach dessen Plänen auch Schloss Ahaus und die Klosteranlage in Werne entstand. Der älteste Teil ist das Torhaus mit der Jahreszahl 1667. Wegen der noch erkennbaren vermauerten Spitzbogenfenster, die einer ehemaligen Schlosskapelle zuzuordnen sind, vermutet man, dass dieser Gebäudeteil noch älter ist. Das Herrenhaus, ein wuchtiger Barockbau aus massivem Backsteinmauerwerk mit Gewänden und Gesimsen aus Baumberger Sandstein und dem wuchtigen Pavillonturm, ist vermutlich zwischen den Jahren 1692 und 1714, wie die beiden auf dem Mauerwerk erkennbaren Jahreszahlen nahe legen, entstanden. 1730-35 wurde auf dem Gelände der Vorburg ein

langgestreckter Marstall durch den bedeutenden münsterländer Architekten Johann Conrad Schlaun hinzugefügt. Ab 1781 wurde das Schloss nicht mehr bewohnt und drohte zu verfallen. 1942 erwarb die Stadt Hamm das Anwesen und ließ 1970 eine umfassende Restaurierung durchführen. Heute wird das Schloss für Repräsentationszwecke genutzt. Im ehemaligen Marstall ist die Westfälische Turnschule untergebracht.

Ein Schloßpark ist nicht vorhanden. Es gibt jedoch im nahe gelegenen Gehölz jenseits der Straßen Wanderwege. Die hinter der Schlosswiese vorbeiziehende Lippe ist darüber hinaus ein Eldorado für Paddler. Vorsicht jedoch am Schloss Heessen, wo ein Seitenstrom der Lippe über ein Wehr geleitet wird.

Adresse: Hamm-Oberwerries, Dolberger Straße

Weiter geht es nach Haus Uentrop. Hierzu fährt man auf die Hauptstraße zurück, biegt nach rechts in die Heessener Straße ab und folgt dieser bis Dolberg. In der Ortsmitte rechts in die Uentroper Straße einbiegen. Nach etwa 2 km zweigt rechts die Dolberger Straße ab, auf der man nach 200 m rechter Hand Haus Uentrop hinter Bäumen liegen sieht. Da es privat genutzt wird, ist eine Besichtigung nicht erwünscht. Man kann es jedoch von der Einfahrt aus hinter der Gräfte betrachten. Parkplatz vorhanden.

Haus Uentrop

Das Wasserschloss ist aus der ehemaligen Burg Ukingthorp hervorgegangen. Seit 1504 im Besitz der Herren von Reck. Nachdem ein Großbrand 1679 das Herrenhaus sowie die Wirtschaftsgebäude vernichtete, wurde in den Jahren 1713-20 das Herrenhaus als zweigeschossiger klassizistischer Backsteinbau mit Mittelrisalit und Walmdach von Lubbert Hagen neu erbaut. Die Wohn- und Wirtschaftsgebäude wurden aus Feldbrandsteinen ebenfalls im Laufe des 18. Jahrhundert hinzugefügt.
Das Herrenhaus, an der Stirnseite eines kleinen Parks, von einer Gräfte halbseitig umflossen, steht z. Zt. leer. Die Wirtschaftsgebäude hingegen werden landwirtschaftlich genutzt.

Adresse: Hamm-Uentrop, Zollstraße 2

Hiermit ist der östlichste Punkt der Schlösserroute erreicht. Zur Heimfahrt fahren Sie die Dolberger Straße zurück und biegen nach rechts in die Uentroper Straße ein. Nach etwa 1 km erreichen sie die Autobahn A 2, AS Hamm-Uentrop.

Die Emscher, eine Kloake?

Wer heute an die Emscherquelle kommt, einen idyllischen Flecken bei Holzwickede, unweit von Dortmund, wird sich wundern, dass dieser kleine Bach, der hier seinen Anfang nimmt und auch an seiner Mündung noch kein rechter Fluss ist, einer ganzen Region, dem mittleren Teil des Ruhrgebietes, seinen Namen gab, die „Emscherzone". In ihrem naturbelassenen Zustand vor etwa 150 Jahren legte die Emscher eine Strecke von 109 km zurück, ehe sie nördlich von Duisburg ihre Wasser in den Rhein entließ.

Bevor die Industrie kam, war die Emscher ein unbedeutender Flachlandfluss - nicht schiffbar -, der sich gemächlich durch die Auenlandschaft schlängelte. Im Frühjahr nach größeren Regenperioden überschwemmte er weiträumig die Wiesen. So entstand die typische Emscherbruch-Landschaft mit Weideland und Feuchtgebieten, in der Erlen, Weiden und Schilf das Landschaftsbild bestimmten. In dem dünnbesiedelten Gebiet wohnten die Menschen auf verstreut liegenden Gehöften. Sie lebten von der Landwirtschaft, im wesentlichen von der Viehzucht und den bescheidenen Erträgen des Fischfangs. Denn die Emscher ist ein flaches Gewässer mit geringem Gefälle - nur 122 Höhenmeter liegen zwischen Quelle und Mündung. Hin und wieder trieb sie eine Mühle an, deren Schaufelrad sich im trägen Wasserstrom mühsam drehte. Um das Gefälle zu vergrößern hatte man kleine Mühlenteiche hochgestaut, die zugleich auch zur Fischzucht dienten.

Mit der aufkommenden Industrie musste aber die ländliche Idylle weichen, denn der Kohlebergbau fraß sich von Süden nach Norden vor. Es entstanden Zechenanlagen und Kokereien. Bald rückte die Industrie, im wesentlichen Stahlerzeugung und dessen Weiterverarbeitung sowie Kohlechemie und industrielle Zuliefererbetriebe nach. Es entstanden große Kraftwerksblöcke zur Deckung des gestiegenen Energiebedarfs. Mit den Zechen kamen die Bergmannssiedlungen, mit der Industrie die Städte. Beide, Zechen wie Industrie brauchten viel Wasser, so dass große Schmutzwassermengen anfielen. Auch die Siedlungsabwässer nahmen mit der gestiegenen Bevölkerungszahl zu. Damit nicht genug, denn hinzu kamen die salzhaltigen Grubenabwässer aus den Bergwerken, die ebenfalls entsorgt werden mussten.

Diese enormen Abwassermengen musste die Emscher zunächst schlucken. Damit aber war sie überfordert. Aus dem unscheinbaren Bach entwickelte sich eine übel riechende Kloake. Hinzu kam, dass durch Bergsenkungen großflächige Absenkungsgebiete an der Erdoberfläche entstanden, in denen sich die Abwässer sammelten und in stinkende Fäulnis übergingen. Die hygienischen Verhältnisse verschlechterten sich zusehends und es entstanden Seuchen wie Ruhr, Typhus und andere Infektionskrankheiten. Es musste also dringend Abhilfe geschaffen werden, sollte es nicht zu einer Katastrophe kommen.

Am 14. Dezember 1899 gründeten Vertreter der Städte und Gemeinden sowie des Bergbaus und der Industrie die Emschergenossenschaft mit dem Ziel der Begradigung, Vertiefung und Eindeichung der Emscher und zwar von Dortmund bis zur Mündung in den Rhein. Die ersten Arbeiten begannen im Jahre 1906. Die Mündung der Emscher wurde im Laufe der Zeit zweimal verlegt. Die letzte Umlegung erfolgte 1949. Ihre Mündung liegt heute bei Dinslaken. Der Flussverlauf wurde durch die Begradigungsmaßnahmen auf 81 km verkürzt. Die Wasser der Emscher und einiger Seitenbäche wurden in offenen Betonrinnen abgeleitet, denn ein unterirdisches Kanalsystem war wegen der Bergsenkungen nicht möglich.

So sehr die Begradigung der Flussläufe aus heutiger Sicht auch verdammt wird, so war die Kanalisierung der Emscher dennoch eine Pioniertat und zugleich eine segensreiche, weltweit einmalige ökologische Maßnahme. Denn sie verhinderte eine unkontrollierte Entsorgung von Abwässern. Zusätzlich wurden Pumpwerke, die das Wasser aus den Bodensenken absaugten, installiert. Gleichzeitig waren leistungsfähige Klärwerke, die sogenannten Emscherbrunnen (Imhoff-Tank) entwickelt worden, die weltweit Furore machten und vielerorts nachgebaut wurden. Dennoch blieb die Emscher mit der zunehmenden Industrialisierung ein Problem, da die Abwassermengen weiter anstiegen und das Geruchsproblem nicht befriedigend gelöst werden konnte. Erst mit dem Strukturwandel in den 70er und 80er Jahren, mit dem Zechensterben und Stilllegen der großen Hüttenwerke wurde der Wendepunkt erreicht. Seit der Inbetriebnahme der großen Klärwerke in Dortmund (1994) und Bottrop (1997) ging auch die Geruchsbelästigung durch die fäkalhaltigen Haushaltsabwässer zurück. Nachdem die Kohlevorräte in der Emscherzone weitgehend erschöpft sind und der Bergbau weiter nach Norden ins Münsterland abgewandert ist, ist die Gefahr von Bergsenkungen zurückgegangen. Jetzt erst können die Abwässer in einem unterirdischen Kanalsystem in Betonrohren bis zu einem Durchmesser von 4,40 m gesammelt und abgeleitet werden. Bald wird die Emscher aus ihrem Betonkorsett vollständig befreit sein und sich auf einem gewundenen Pfad, der nicht der gleiche sein wird wie ehedem, dem Rhein entgegenschlängeln. Die Renaturierung einiger Bachläufe, z. B. des Deininghauser Baches in Castrop-Rauxel oder des Dellwiger Baches in Dortmund, ist bereits abgeschlossen.

Wer die Sanierung der Emscher aus nächster Nähe verfolgen will, der begebe sich zu Fuß oder auf dem Fahrrad auf den im Jahr 2000 von Dortmund bis Dinslaken fertiggestellten Emscher Radwanderrundweg. Es mag übertrieben klingen, aber hier im Emschertal wurde das Rad der Geschichte im positiven Sinne zurückgedreht.

Interessant ist übrigens, dass die Emscher Namensgeber für einen geologischen Zeitabschnitt der oberen Kreidezeit, den jüngsten Abschnitt des Mesozoikums, ist. Während der Kreidezeit, vor rd. 140 bis vor rd. 70 Millionen Jahren, waren große Teile der Erdoberfläche, u. a. auch das Ruhrgebiet, von dem warmen „Kreidemeer" bedeckt. Durch Ablagerungen entstanden hier Kalkstein, Mergel, Kreide, Tone und Sandstein. Nach einer späteren Auffaltung wurden diese Schichten im südlichen Ruhrgebiet wieder abgetragen. Hierdurch gelangten die darunter liegenden Kohleflöze bis an die Erdoberfläche. Je weiter man nach Norden geht, tauchen diese Schichten als Deckgebirge in die Tiefe ab. Um an die Kohle zu gelangen, musste man diese Gesteinsschichten, im wesentlichen den Mergel, durchbohren. Dies geschah zuerst in der Emscherregion. Die Entstehung dieser zu durchbohrenden Schicht liegt 83 bis 89 Mio. Jahre zurück. Dieser Zeitabschnitt der oberen Kreidezeit wird daher als „Emscher" bezeichnet.

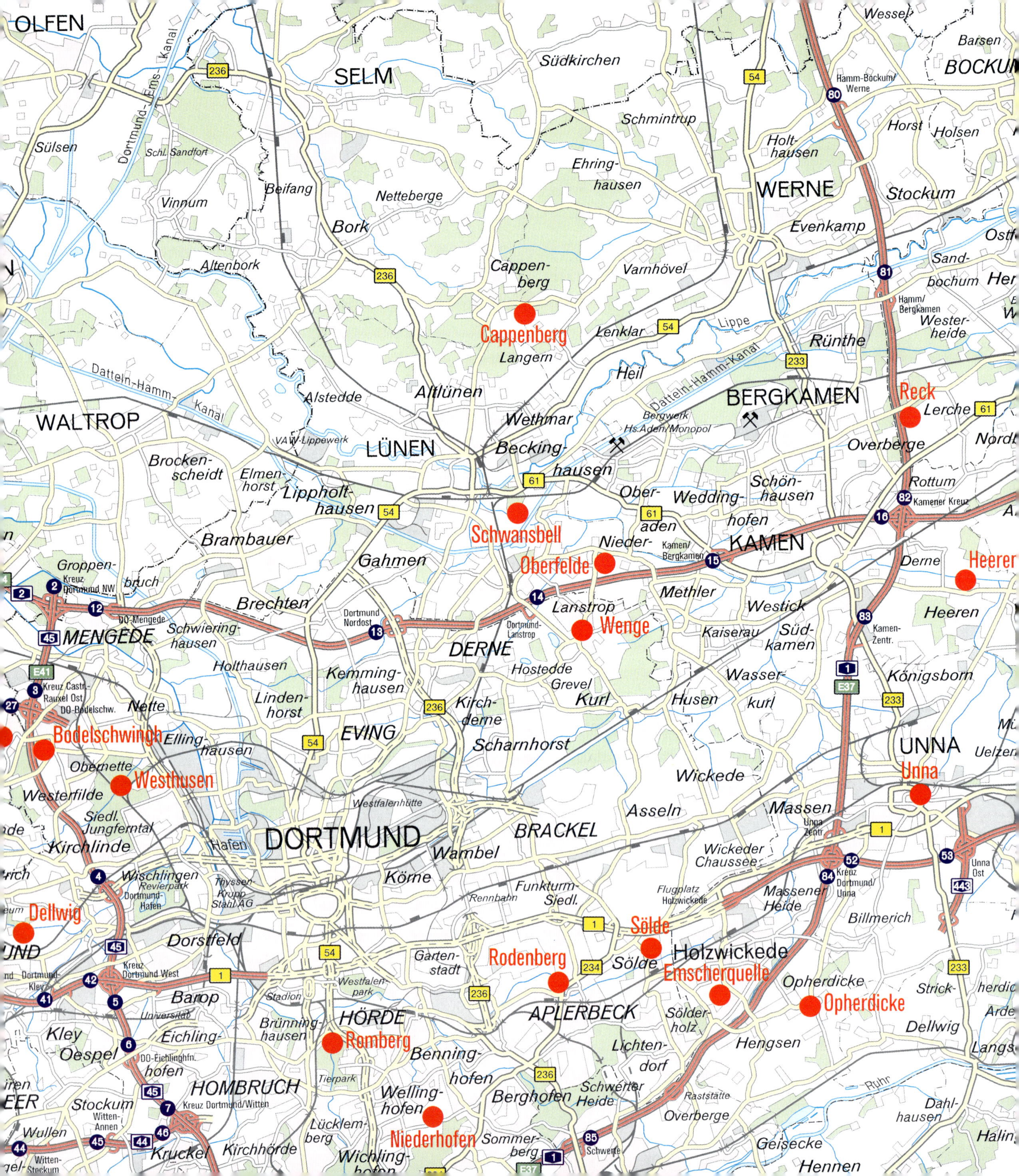

OLFEN
SELM
Südkirchen
Wessel
Barsen
BOCKUM
Schmintrup
Sülsen
Schl. Sandfort
Dortmund-Ems-Kanal
Holt-hausen
Horst
Holsen
Ehring-hausen
WERNE
Stockum
Beifang
Netteberge
Vinnum
Bork
Evenkamp
Altenbork
Cappen-berg
Varnhövel
Sand-bochum
Cappenberg
Lenklar
Lippe
Rünthe
Langern
Wester-heide
Datteln-Hamm-Kanal
Heil
Alstedde
Altlünen
BERGKAMEN
Reck
Lerche
WALTROP
Wethmar
Bergwerk Hs.Aden/Monopol
VAW-Lippewerk
LÜNEN
Becking-hausen
Overberge
Brocken-scheidt
Elmen-horst
Lippholt-hausen
Ober-aden
Wedding-hofen
Schön-hausen
Rottum
Kamener Kreuz
Schwansbell
Brambauer
Nieder-
Oberfelde
KAMEN
Derne
Heerer
Groppen-bruch
Gahmen
Kamen/Bergkamen
Methler
Brechten
Lanstrop
Westick
Heeren
MENGEDE
Schwiering-hausen
Dortmund Nordost
Wenge
Kaiserau
Süd-kamen
DERNE
Holthausen
Kemming-hausen
Hostedde
Grevel
Wasser-kurl
Königsborn
Linden-horst
Kurl
Husen
Kreuz Castrop-Rauxel Ost
Nette
Kirch-derne
EVING
Scharnhorst
Bodelschwingh
Elling-hausen
UNNA
Obernette
Westhusen
Wickede
Unna
Westerfilde
Westfalenhütte
Asseln
Massen
Siedl. Jungferntal
DORTMUND
BRACKEL
Kirchlinde
Hafen
Wambel
Wickeder Chaussee
Wischlingen
Körne
Funkturm-Siedl.
Massener Heide
Unna Ost
Dellwig
Rennbahn
Flugplatz Holzwickede
Billmerich
Dorstfeld
Sölde
Holzwickede
Garten-stadt
Rodenberg
Emscherquelle
Opherdicke
Kreuz Dortmund West
Barop
Westfalen-park
Stadion
APLERBECK
Strick-herdicke
Kley
Brünning-hausen
HÖRDE
Sölder-holz
Dellwig
Eichling-hofen
Romberg
Benning-hofen
Hengsen
Oespel
Lichten-dorf
Tierpark
HOMBRUCH
Welling-hofen
Berghofen
Schwerter Heide
Ruhr
Stockum
Kreuz Dortmund/Witten
Raststätte
Dahl-hausen
Wullen
Lücklem-berg
Niederhofen
Overberge
Kruckel
Kirchhörde
Sommer-berg
Geisecke
Wichling-hofen
Hennen

Die südliche Schlösserroute

Die südliche Schlössertour schließt um die Dortmunder Innenstadt einen südlichen Bogen und endet in Unna.
Sie beginnt mit Haus **Dellwig** im Westen, führt uns zum **Rombergpark** mit dem Torhaus des ehemaligen Schlosses **Brünninghausen**, weiter nach Haus **Niederhofen** zum Haus **Rodenberg** und dann nach Haus **Sölde**. Von hier aus machen wir einen Abstecher zur **Emscherquelle**, ehe wir uns nach Holzwikkede aufmachen, das Haus **Regenbogen** in Opherdicke zu besichtigen, um mit der Burg **Unna** die Südroute zu beschließen.

Für einen Tagesausflug ist auch diese Route zu umfangreich. Es bietet sich an, die ersten vier Häuser, nämlich **Dellwig, Brünninghausen/Rombergpark, Niederhofen** und **Rodenberg** zu einer Tagestour zusammenzufassen, und Haus **Sölde**, die Emscherquelle, Haus **Opherdicke** in Holzwickede sowie die Burg **Unna** zu einem zweiten Ausflug zusammenzustellen.

Die Anreise nach Haus Dellwig erfolgt über die A 40 (Ruhrschnellweg), AS DO-Lütgendortmund. Diese mündet auf die Provinzialstraße, welche man nach Norden in Richtung Castrop-Rauxel fährt. Nach einigen hundert Metern biegt man rechts in die Limbecker Straße und nach etwa 200 m links in die Westermannstraße ein. Diese führt auf die Westricher Straße, von wo aus Haus Dellwig ausgeschildert ist. Nach etwa 1 km zweigt rechts die Dellwiger Straße ab, welche man bis zum Parkplatz durchfährt. Von hier aus sind es nur wenige Schritte zum Haus Dellwig.

Haus Dellwig

Erste Erwähnung des Hofes Dellwig im Jahre 1179, welcher 1238 als Haus Dellwig, Herimanus de Dalvic in den Urkunden wieder erscheint. Nach der Zerstörung im 30-jährigen Krieg wird das Herrenhaus zwischen 1658 und 1690 wieder aufgebaut.

Später, zwischen 1700 und 1703 wird auf der Vorburg eine Dreiflügelanlage errichtet. Nach mehrfachem Besitzerwechsel geht 1904 das Haus in das Eigentum der Gelsenkirchener Bergwerks AG über, die es 1978 an die Stadt Dortmund verkauft. Diese wiederum hat es an einen landwirtschaftlichen Betrieb verpachtet.

Das schlichte, elegante zweigeschossige Herrenhaus, umspült von einer Gräfte, die vom Dellwiger Bach gespeist wird, hat im Laufe der Zeit mehrere Umbauten erfahren. Während die Giebelseiten der gegeneinander gestellten Gebäudetrakte noch im gotischen Stil als Treppengiebel geformt sind, tragen die beiden Türme geschwungene welsche Hauben. Diese, wie auch das Satteldach des Hauptgebäudes sind mit Schiefer gedeckt. Das Herrenhaus wird von der Vorburg aus über eine rundbogige Ziegelbrükke, die zum reichdekorierten Portal, dem Blickfang

der Fassade führt, erschlossen. Die Türöffnung des Portalturms, in dem sich auch das Treppenhaus befindet, ist eingerahmt von zwei Halbsäulen und einem Arabeskenfries im Stil der Renaissance. Darüber ruht eine trapezförmige Supraporte, die das Wappen der Familie Dellwig trägt sowie das Datum der Fertigstellung des Hauses, 1690, ausweist.
Auf der Rückseite des Gebäudes fällt der Blick auf einen dekorativen Renaissance-Erker, der die Gebäudefront auflockert.

Im linken Flügel des Wirtschaftsgebäudes auf der Vorburg befindet sich auf mehrere Räume verteilt ein Heimatmuseum, das nur sonntags geöffnet ist, jedoch gelegentlich auch außerhalb der Öffnungszeit gezeigt wird. Die übrigen Gebäude werden von einem landwirtschaftlichen Betrieb genutzt, dessen Inhaber auch Haus Dellwig bewohnt. Auf einem schmalen Weg kann man das idyllisch gelegene Schloss, das von allen Seiten bezaubert, umrunden. Der Blick fällt zunächst auf eine kleine, mit hohem Schilfgras bestandene Insel, die erst vor wenigen Jahren vom jetzigen Pächter angelegt wurde. Im rückwärtig gelegenen Park lassen Schatten spendende Baumriesen die „heile Welt" vergangener Jahrhunderte erahnen.

Eine besondere Attraktion ist der Fischreiher, dem man sich bis auf wenige Meter nähern kann, ehe er, majestätisch über der Gräfte kreisend, hinter dem Schloß entschwindet. Auch die Nilgänse, sich ihrer Schönheit offenbar bewußt, stellen sich dem Betrachter bereitwillig zur Schau.

Das Schloss liegt in der hügeligen Moränenlandschaft im Dellwiger Bachtal, das zu größeren Spaziergängen und Fahrradtouren einlädt. Wenn man vom Parkplatz aus auf der Dellwiger Straße die Westricher Straße überquert, gelangt man zu einem Parkplatz, von dem aus ein schöner Rundweg um einen verwunschenen Waldsee führt.

Adresse: Dortmund-Lütgendortmund, Pötthoferei 77

Weiter geht es nach Haus Brünninghausen. Dazu fährt man den gleichen Weg auf die A 40 zurück in Richtung Dortmund Stadtmitte. Nach etwa 3 km sieht man den Fernsehturm über der Straße aufragen. Kurz vor Erreichen des Turmes wechselt man von der A 40 auf die B 54 in Richtung Hagen. Schon mit der nächsten Ausfahrt (Rombergpark) verlässt man diese wieder. An der Ampel biegt man nach rechts ab. Schon nach wenigen Metern ist links der Parkplatz ausgeschildert.

Haus Brünninghausen

Von dem einstigen Schloss Haus Brünninghausen, das im zweiten Weltkrieg zerstört und nicht wieder aufgebaut wurde, ist lediglich das Torhaus, welches man vom Parkplatz kommend liegen sieht, wieder aufgebaut und somit als Denkmal erhalten. Da, wo heute die Hotelfachschule steht, befand sich das Anfang des 19. Jahrhunderts im klassizistischen Stil errichtete Herrenhaus, dessen Vorgängerbau 1560-71 durch Conrad von Romberg errichtet worden war. Die Ursprünge gehen jedoch auf eine Burg aus dem 14. Jahrhundert zurück, welche 1483 von der Familie von Vittinghoff an die Familie von Rodenberg, später Romberg, übertragen wurde. Der bekannteste Schlossherr war sicherlich Gisbert von Romberg (1839-97), der wegen seines Schabernacks, den er mit den Amtspersonen sowie seinen adligen Standesgenossen trieb, als der „Tolle Bomberg" in die Geschichte eingegangen ist.
1927 ging Haus Brünninghausen in den Besitz der Stadt Dortmund über. Das alte Torhaus wird heute für Ausstellungen und kleine Empfänge genutzt.

Adresse:
Dortmund-Brünninghausen,
Am Rombergpark 65

Der Rombergpark

Das kleine zweigeschossige Torhaus mit seinem geschweiften Knickgiebel im Renaissancestil, dem nach Westen abgewalmten Dach und dem vorkragenden profilierten Gurtgesims wäre die Anreise allein nicht wert, wäre da nicht der alte Schlosspark, der auch ohne Schloss das Interesse auf sich zieht. Mit seinen 60 ha gehört der Rombergpark zu den größten in der Region. Beachtenswert ist das Arboretum mit seinem alten Baumbestand - man spricht von der größten gärtnerischen Gehölzsammlung Europas -, darunter zahlreiche exotische Gehölze, die um das Jahr 1820 angepflanzt wurden und sich um den Teich sowie an einem Bachlauf entlang zu einer Allee anordnen. Sehenswert auch das Pflanzenhaus u. a. mit tropischen Gewächsen, der Kräuter- und Heidegarten sowie der sich anschließende 28 ha große Tierpark mit 350 verschiedenen Tierarten und insgesamt 2500 Tieren.

Ein am Rande des Parks gelegenes Restaurant erfüllt mit einer kleinen Speisekarte die Wünsche des Parkbesuchers.

Weiter geht es nach Haus Niederhofen. Dazu fährt man wieder auf die B 54 zurück in Richtung Hagen. Die nächste Ausfahrt abfahren und drei mal rechts auf die Holtbrüggestraße einbiegen, die später in die Kirchhörder Straße übergeht. Man unterquert die Autobahn und biegt nach 100 m links in die Durchstraße ein, welche wiederum unter der Autobahn herführt. Nach der Unterführung sofort rechts in die Brandisstraße und nach 200 m links in den Niederhofener Kohlenweg abbiegen. Nach etwa 1200 m ist links Haus Niederhofen ausgeschildert. Parkplätze sind vorhanden.

Haus Niederhofen

Die erste Erwähnung von Haus Niederhofen stammt aus dem Jahre 1242 in Zusammenhang mit Godekinus Sluc von Niederhofen. Von einer alten Burganlage aus dieser Zeit ist nichts erhalten oder bekannt. Der heute noch vorhandene und vor einigen Jahren restaurierte Westflügel, ein 37 m langes Bauwerk der Vorburg mit Torhaus, datiert aus dem Jahre 1748. Blickfang ist das mittig stehende, nahezu quadratische, zweigeschossige Torhaus mit schiefergedeckter welscher Haube und aufgesetzter Laterne. Die auffallend große Portalöffnung, von der aus eine Brücke einst über die Gräfte führte, wird durch ein vorkragendes Gesimsband verdacht. Darüber befindet sich ein kleines Konsolgesims, das auf zwei Kragsteinen ruht, zwischen denen sich vermutlich das Hauswappen befunden hat. Die sich an das Torhaus anschließenden gleichschenkligen Flügelbauten, mit einem Satteldach gedeckt, sind nach außen hin schmucklos. Auf der Innenseite hingegen befinden sich auf dem tiefergezogenen Dach vier Dachhäuschen. Die Sprossenfenster und Türöffnungen sind mit überstrichenen Werksteinen von dem unregelmäßigen Bruchsteinmauerwerk abgesetzt und beleben die Fassade. Der ehemalige Hof der Vorburg kann begangen werden, bietet für den Burgenfreund jedoch keine weiteren Aspekte. Ein Park oder Wanderwege sind in unmittelbarer Umgebung nicht vorhanden.

Adresse: Dortmund-Wellinghofen, Brücherhofstraße 200

Weiter geht es nach Haus Rodenberg. Hierzu fahren wir den Niederhofener Kohlenweg etwa 1,5 km weiter Richtung Osten. Dieser stößt auf die Wittbräukerstraße (B 234), in die wir nach links abbiegen. Nach etwa 3,5 km erreichen wir Aplerbeck. In der Ortsmitte knickt die Straße nach rechts als Köln-Berliner-Straße ab. Hier links in die Rodenbergstraße abbiegen, von wo aus man Haus Rodenberg liegen sieht. Ein Parkplatz muß im Umfeld gesucht werden.

Haus Rodenberg

Haus Rodenberg wird 1290 das erste Mal im Zusammenhang mit der Lehenvergabe durch die Grafen von Mark an Dietrich von der Rodenberg erwähnt. 1420 Zerstörung im Clevisch-Märkischen Krieg und Wiederaufbau als Zweiflügelbau. 1675-1678 Neubau der Anlage auf der Vorburg. Diese wurde 1992 96 grundlegend restauriert und präsentiert sich heute als zweigeschossiger langgestreckter Bau mit zwei kurzen Seitenflügeln, die einen Innenhof andeuten. Das aus geschlämmtem Naturstein-

mauerwerk errichtete Gebäude ist mit einem hohen Satteldach gedeckt und wird beherrscht von einem quadratischen dreigeschossigen Treppenturm mit schiefergedeckter welscher Haube, in der sich Fledermausgauben befinden. Den Abschluss des Turmes bildet eine Laterne, die ebenfalls eine schiefergedeckte geschwungene Haube trägt. An der dem Innenhof zugewandten Turmseite befindet sich der barocke Wappenstein der Erbauerfamilien Voß und Bodelschwingh. Das Eingangsportal an der Nordseite des Turmes wird gerahmt von Pilastern auf hohen Piedestalen und ist von einem Architrav mit gesprengtem Giebel überdacht. Während sich im Erdgeschoss Fenster und Türen mit geohrten Sandsteingewänden abwechseln, läuft über die gesamte Flügellänge des Obergeschosses ein Galeriegang im Stil der Renaissance, der jetzt allerdings mit Fenster verglast ist und den einstigen Anblick der Fassade nur noch erahnen lässt.
Im Hauptgebäude befindet sich ein Restaurant mit Gartencafé sowie die Volkshochschule. Der kleine Park, der sich rings um die Gräfte legt, ist schnell durchschritten und bietet keine Besonderheiten.

Adresse: Dortmund-Aplerbeck,
Rodenbergstraße 20-26

Weiter geht es nach Haus Sölde. Dazu fahren wir auf der Köln-Berliner-Straße (B 234) weiter in Richtung Autobahn. Nach 1,5 km, kurz vor der Autobahnauffahrt nach rechts in die Emschertalstraße, nach weiteren 200 m in die Sölder Straße und nach etwa 100 m links in die Paradiesstraße einbiegen. Diese bis zu Ende durchfahren und nach rechts in die Ruthgerusstraße einbiegen. Rechter Hand liegt Haus Sölde. Parkmöglichkeiten sind vorhanden.

Haus Sölde

Haus Sölde ist ein zweigeschossiger Putzbau mit Walmdach im Stil der Neugotik aus dem Jahr 1890. An der südöstlichen Gebäudeecke tritt ein wuchtiger dreigeschossiger Eckturm über quadratischem Grundriß, der mit einem spitz zulaufenden pyramidalen Helm gedeckt ist, aus der Gebäudefront hervor. Das fünfachsige Herrenhaus wird von einem Mittelrisalit unterteilt, der die Eingangstür aufnimmt, die über eine Freitreppe erschlossen wird. Im Giebelfeld des darüber liegenden Staffelgiebels finden sich Verzierungen mit Vierblattmaßwerk als gotische Reminiszenz. Hinter dem Hauptgebäude liegt ein Teich, der noch aus der ehemaligen Gräfte herrührt, die einst von der Emscher gespeist wurde. Das Herrenhaus wie auch die Nebengebäude, die heute als privater Wohnraum genutzt werden, bieten für den Burgenfreund keine besondere Attraktion, denn von dem Anfang des 12. Jahrhunderts erwähnten Hof „Sulethe", und einer wahrscheinlich existierenden alten Burganlage der 1364 erstmals erwähnten Besitzer Sybert van Hamme und Rotger van Sölde (1385) nichts mehr vorhanden ist. Überliefert ist lediglich, dass vor 1509 ein zweiflügliger Neubau errichtet wurde, der vermutlich im Dreißigjährigen Krieg zerstört und Mitte des 19. Jahrhunderts abgebrochen wurde, bis schließlich im Stil der Zeit das neugotische Herrenhaus errichtet wurde.

Der großflächige Platz auf der ehemaligen Vorburg wird gesäumt von langgestreckten Wohnhäusern, unter denen der dunkle Ziegelbau mit seinen Miniaturziergärten besonders erfreut.

Adresse: Dortmund-Sölde, Ruthgerusstraße 37

Weiter geht es zur Emscherquelle. In Fahrtrichtung weiterfahren, nach etwa 150 m in die Straße Am Kapellenufer einbiegen, nach 200 m rechts in die Sölder Straße abbiegen, die Eisenbahnschienen überqueren und nach links in die Landskroner Straße abfahren. Nach 500 m links in die Quellenstraße zur Emscherquelle abbiegen.

Emscherquelle

Auf dem Bauernhof Lünschermann an der Quellenstraße, einem Fachwerkhaus, entspringt die Emscher im Keller des alten Wohnhauses. Jedoch erst nach 20 m tritt sie zu Tage und wird in einem mit Bruchsteinen ausgemauerten Becken aufgefangen, aus dem sie sich in einen Weiher ergießt, ehe sie als unscheinbarer Bach nach Norden abfließt. Hätte sie sich gen Süden gewandt, wäre sie nach wenigen Kilometer auf die Ruhr gestoßen und als unbekanntes Rinnsal in dieser aufgegangen.

Wenngleich Quellen häufig unscheinbar sind und erst durch die Einfassung der Hauptquelle die Aufmerksamkeit auf sich ziehen, so hat es doch seinen Reiz, sich zu ihr hinab zu bücken und einen Becher Quellwasser zu schöpfen. Denn die Quelle ist Lebensspender für Mensch und Tier. An den Flussläufen hat sich einst die Zivilisation entwickelt. Die Flüsse lieferten das Wasser für die Bewässerung der Felder und waren zugleich die Hauptverkehrswege. Mesopotamien mit Euphrat und Tigris und das alte Ägypten zu beiden Seiten des Nils sind beredte Beispiele hierfür. Auch in späterer Zeit waren die Flussläufe die bevorzugten Siedlungsgebiete, und ihre Ansiedlungen wuchsen zu bedeutenden Metropolen, wie Wien und Budapest an der Donau, Basel, Köln und Rotterdam am Rhein oder Dresden, Magdeburg und Hamburg an der Elbe. Anders war die Entwicklung an Ruhr und Emscher. Als Flachlandflüsse spielten sie keine große Rolle für den Verkehr und waren auch als Siedlungsräume ungeeignet. Erst mit der Kohle sind sie vorübergehend in das Blickfeld der wirtschaftlichen Nutzung gelangt. Ihre Bedeutung liegt heute auf ganz anderem Sektor, nämlich dem der Naherholung. Die Ruhr mit ihren Stauseen und der „Weißen Flotte" ist seit Jahrzehnten schon ein beliebtes Ausflugsziel. Die Emscher steht allerdings noch am Anfang, sich zu einem Naherholungsgebiet zu entwickeln. Die Pläne hierfür liegen längst bereit. Mit der Umsetzung wurde bereits begonnen.

Weiter geht es nach Opherdicke zum Haus Opherdicke, das im Volksmund später nach seinem letzten Besitzer Haus Regenbogen genannt wurde. Hierzu auf die Landskroner Straße zurückfahren und nach links abbiegen. An der versetzten Kreuzung geht es halblinks weiter geradeaus in die Lichtendorfer Straße, die über die Autobahn (A 1) führt und nach ein paar hundert Metern wiederum auf eine Kreuzung stößt. Diese geradeaus überqueren und durch die Ortschaft Opherdicke fahren. Am Ortsausgang ist das Schloss ausgeschildert. Parkplätze sind vorhanden.

Haus Opherdicke

Die erste Erwähnung von Haus Opherdicke erfolgte im Jahr 1176, als der Edelmann Heinrich von Herreke seine Besitzungen dem Erzbischof zu Köln als Lehen auftrug. Im Lauf der Jahrhunderte fand ein häufiger Besitzerwechsel statt, weil die männliche Nachkommenschaft ausblieb. Als 1499 Wilhelm Lappe, der letzte Nachfolger dieser Linie, verstarb, gelangte das Haus in den Besitz der Kamener Burgmannenfamilie von Frensdorf, die einen großzügigen Umbau vornahm. In den Jahren 1683-87 wurde auf dem Gelände des Hausteiches der heutige Herrensitz im Stil des Barocks erbaut. Es handelte sich zunächst um einen rechteckigen, verputzten Bruchsteinbau mit drei Geschossen. An der Südseite mit Blick über die weiten Ruhrauen befinden sich zwei ungleiche Ecktürme mit welschen Hauben. Erst im 19. Jahrhundert kamen der Verbindungstrakt und die Loggia hinzu. Auf der Vorburg befinden sich verschiedene Wirtschaftsgebäude, darunter das Brauhaus aus dem Jahr 1738 sowie zwei Torbauten und eine Kapelle, etwa 50 m links von der Einfahrt entfernt.
1980 erwarb der Kreis Unna Haus Opherdicke und baute es im Zuge umfangreicher Restaurierungsarbeiten zum Kultur- und Bildungszentrum aus.

Adresse: Holzwickede-Opherdicke, Dorfstraße 29

Ein Park ist nicht vorhanden. Hinter dem Haus führt jedoch ein Spazierweg entlang, von dem aus man die ersten Anhöhen des Sauerlandes erblickt.

Weiter geht es nach Unna, zur Burg Unna. Hierzu fährt man aus der Hofausfahrt von Haus Opherdicke nach rechts und folgt den Straßenschildern nach Unna (ca. 5 km) in das Stadtzentrum. Die Feldstraße, auf der man sich zuletzt befindet, mündet auf die Massener Straße. Hier rechts abbiegen und weiterfahren, bis die Straße an einer Ampel auf den Ring stößt. Rechts in den Käthe-Kollwitz-Ring abbiegen und über den Südring und Ostring einen weiten Bogen um das Stadtzentrum schlagen. Kurz vor dem Bahnhof befindet sich rechts ein Parkplatz. Von hier aus erblickt man die Stadtmauer, hinter der sich der Burgturm erhebt. Eventuell nach dem Hellweg-Museum fragen.

Burg Unna

An die ehemalige Burg, die 1380 von Graf Engelbert III. von der Mark nahe der Stadtmauer angelegt wurde, erinnert heute nur noch der viergeschossige Wehrturm, der den Besucher schon von weitem wegen seines mit Kupfer gedeckten Kegeldachs anlockt. Zwar sind die alten Kellerräume mit Tonnengewölbe noch vorhanden, doch sind sie jetzt von modernen Langhäusern mit Satteldach überbaut, in denen das Hellweg-Museum untergebracht ist. Es zeigt Exponate aus der Frühgeschichte des Hellweg-Raumes bis hin zur Industrialisierung des Raumes Unna. Ein Schlosspark ist nicht vorhanden. Stattdessen kann man die Schlössertour mit einem Rundweg durch das Stadtzentrum von Unna mit seinen vielen Fachwerkhäusern und Restaurants ausklingen lassen.

Adresse: Unna, Burgstraße 8

Hiermit ist die letzte der vier Schlösserfahrten durch den Emscher Landschaftspark mit kleinen Abstechern in die benachbarten Regionen zu Ende gegangen. Zur Heimreise fahren Sie den Ostring wieder zurück. Die Autobahnanschlüsse zur A 1, A 44 und an den Ruhrschnellweg sind ausgeschildert.

Kleines Lexikon zur Burgenkunde

Achse: Gedachte Linie durch ein Gebäude, meist Symmetrieachse. An Fassadenelementen orientiert, z. B. sechs Fenster in einer Gebäudefront heißt 6-achsig.

Ädikula: Kleiner Aufbau, häufig als Giebelhäuschen gestaltet, oberhalb von Fenstern, Portalen oder in Nischen.

Akanthus: Pflanze (Gattung Bärenklau) mit stark gezackten Blättern, als Zierform im griech. Schmuckwerk seit dem 5. Jhd. v. Chr. gebräuchlich, z.B. im korinthischen Säulenkapitell und seinen späteren Abwandlungen.

Alkoven: Bettnische.

Allod /allodial: Dem Lehenträger persönlich gehörender Grund und Boden.

Altan: Im Gegensatz zum frei vorkragenden Balkon (Söller) ein bis zum Erdboden unterbauter, mit einer Brüstung versehener Austritt an oberen Stockwerken.

Arabeske: Aus der hellenist.-röm. Antike stammendes stilisiertes Rankenornament, in der islamischen Kunst mit arabischen Schriftzügen versehen, das seit dem 16. Jh. in der ital. Renaissance Eingang gefunden hat und seitdem Arabeske genannt wird.

Architrav: Der waagerecht auf den Säulen aufliegende Balken in der antiken Baukunst und in den von ihr abhängigen Baustilen.

Arkade: Bogen auf zwei Pfeilern oder Säulen, einseitig offener Bogengang an Gebäuden. Arkatur.

Atrium: Vorhalle, Vorhof.

Attika: Ein halbgeschossartiger Maueraufsatz über dem Hauptgesims eines Gebäudes zur Verdeckung des Daches, der besonders zur Aufnahme von Schriftzügen oder Statuen dient.

Balustrade: Brüstung, Geländer mit kleinen Säulen.

Barbakane: Ein dem Befestigungstor vorgelagertes Außenwerk.

Bergfried: (Berchfrit), Hauptturm der Burg als Ausguck und letzte Zuflucht an der höchsten oder am meisten gefährdeten Stelle.

Bosse: Unbehauener, roher Stein; unbearbeitete Stirnfläche eines Quaders (bossiert).

Bruchstein: In seiner Rohform verbauter Stein.

Dachreiter: Dem Dachfirst aufsitzendes Türmchen, bei Sakralbauten meist über der Vierung.

Diptychon: Zwei durch Scharniere verbundene Tafeln. Triptychon aus drei Tafeln bestehend.

Emblem: Sinnbild.

Epitaph: Grabschrift; Grabmal mit Inschrift an einer Kirchenwand oder allgemein: Wanddenkmal.

Erker: Ein in der Spätgotik und dt. Renaissance häufig verwendeter ein- oder mehrgeschossiger, geschlossener Anbau an der Fassade oder Ecke eines Gebäudes, der im Unterschied zum Altan und Söller nicht vom Erdboden aufsteigt, sondern durch Auskragungen oder von Konsolen getragen wird. Beim mittelalterlichen Burgenbau auch als Aborterker vorkommend.

Fiale: Gotisches Ziermotiv. Bekrönung des Strebepfeilers in Form eines Türmchens.

Fledermausgaube: Ein Dachfenster, das aus einer geschwungenen Erhebung in der Dachfläche gebildet ist, so dass die Dachhaut angehoben erscheint. Im Unterschied hierzu hat das Dachhäuschen senkrecht stehende Seitenwände.

Fries: In der Baukunst allgemein jeder glatte schmale Streifen, der Flächen begrenzt oder teilt, häufig ornamentiert.

Gaden: Kammer, Schlafkammer.

Ganerbenburg: Burg, die einer Erbengemeinschaft gehört.

Gaube, Gaupe: Stark vortretendes Dachfenster mit eigenem Dächlein (Zwerchhaus, s.u.).

Gebälk: Über der Säulenordnung durchlaufende Steinlage aus Architrav, Fries und Gesims.

Gesims: Ein meist horizontales profiliertes Bauelement, das eine Außenwand in einzelne Abschnitte gliedert. Je nach Lage unterscheidet man zwischen Sockel- oder Fußgesims, Stockwerksgesims (Kordongesims), Fensterbank- und Sohlbankgesims und dem abschließenden Dachgesims (Hauptgesims).

Gewände: Flankierende Mauerfläche seitlich eines Fensters oder Portals (Frontseite). Die Laibung ist im Unterschied zum Gewände senkrecht in die Mauerfläche eingelassen (Innenseite).

Gotik: Stilepoche der mittelalterlichen Kunst in Europa von etwa 1150 bis Mitte 15. Jahrhundert. Wird durch die Renaissance als Stilepoche abgelöst.

Gräfte: Bezeichnung für einen künstlich angelegten Wassergraben als Befestigungsgraben um ein oder mehrere Gebäude.

Grisaille: Malerei mit Graufarben.

Halbsäule: Nur zur Hälfte aus der Wand hervortretende Säule mit halbkreisförmigen Querschnitt.

Halsgraben: Bei Burgen in Spornlage die künstliche Trennung vom Landrücken; Zugang über Zugbrücke.

Kaffgesims: Außen unter den Fenstern durchlaufendes, abgeschrägtes Gesims.

Kalotte: Kuppelschale.

Kapitell: Haupt einer Säule oder eines Pfeilers.

Kartusche: Gerahmte Fläche, oft phantastisch ausgebildet, Träger von Wappen, Initialen, Emblemen.

Kemenate: Wohn und Schlafgemach auf einer Burg, meist mit Feuerstelle.

Konche: Nische auf halbkreisförmigem Grundriss, von Kugelsegment überwölbt.

Konsole: Aus einer Wand herausragender (vorkragender) Stein als Träger von Baukonstruktionen oder Gegenständen der Kleinkunst.

Krüppelwalm:	Satteldach mit angeschrägten Giebelspitzen, wie z. B. beim Schwarzwaldhaus.
Krypta:	Gewölbter Raum unter dem Chor; Ort des Heiligengrabes.
Kyriatide:	Altgriechische Säule in Form einer Mädchengestalt.
Laterne:	Ein lichteinlassender Turm- oder Kuppelaufsatz in Form einer monumentalen Laterne meist über einer Decken- bzw. Gewölbeöffnung.
Lettner:	Steinerne Schranke, scheidet in Kloster- oder Stiftskirchen die Geistlichkeit von den Laien.
Ligatur:	Zusammenziehung von Buchstaben, häufig in Inschriften.
Lisene:	Der Wand flach und bandförmig aufliegendes Gliederungselement, ohne Basis und Kapitell.
Majuskel:	Großbuchstabe.
Marstall:	Gebäude für Pferde, Wagen usw. einer fürstlichen Hofhaltung
Mezzaningeschoss:	Ein niedriges Halb- oder Zwischengeschoss unter dem Dach oder über dem Erdgeschoss.
Minuskel:	Kleinbuchstabe.
Mittelalter:	Das Zeitalter zwischen dem Altertum und der Neuzeit. Unterteilung in frühes MA (5.-10. Jh.), hohes MA (11.- 13. Jh.) und spätes MA (Mitte 13.-Anfang 16. Jh.).
Mittelrisalit:	s. u. Risalit.
Monopterus:	Antiker Säulentempel, Gartentempel im Barock
Motte:	Turmhügelburg, (lat.: mutta, Erdaushub). Ein wahrscheinlich von den Normannen im ausgehenden 1. Jahrtausend entwickelte Burgform, bei der ein Wohnturm auf einem künstlich aufgeworfenen Erdhügel steht. Der Hügel entsteht aus dem Grabenaushub und ist von einem Palisaden- oder Mauerring umgeben.
Ochsenauge:	Kreis- oder ellipsenförmiges Fenster, bes. des Barocks.
Oculus:	Rundfenster.
Offenhaus:	Burg eines Lehensmannes, deren Zugang für den Lehnsherrn im Kriegsfall vertraglich gesichert ist.
Palas:	Hauptwohn- bzw. Saalbau für die Herrschaft einer Burg oder Kaiserpfalz, (lat.: palatium). Steht unabhängig vom Bergfried.
Palisade:	Zaun aus dicht nebeneinander eingerammten Pfählen.
Palmette:	Palmenförmiges, streng symmetrisches Ornament.
Pechnase:	Kleiner, nach unten offener Erker an Burgen, aus dem man siedendes Pech auf den Angreifer hinabgoss.
Piedestal:	(Franz.) auch Postament, sockelartiger Unterbau meist eines Stützgliedes, z. B. Unterbau von rahmenden Säulen.
Pilaster:	Wandpfeiler, der nur wenig aus der Wand hervortritt. Er ist wie eine Säule in Basis (Fuß), Schaft, Kapitell und/oder Kämpfer gegliedert und dient der Mauerverstärkung, Wandgliederung, Portal- und Fensterrahmung oder als Gebälkträger.

Polygon: Vieleck, polygonal

Profan: Weltlich. Profaniert: dem kirchlichen Zweck entfremdet.

Renaissance: Wiedergeburt, Wiedererweckung vergangener Kulturen, insbesondere der Antike, Zeitepoche im europäischen Geistesleben. Frühester Beginn in Italien 14.-16. Jahrhundert

Risalit: In seiner ganzen Höhe einschließlich Dach aus der Bauflucht vorspringender Gebäudeteil. Nach der Stellung zur Mittelachse Mittel-, Seiten-, Eckrisalit. Besonders in Renaissance und Barock als Fassadengliederung beliebt.

Rocaille: Phantastisch ausgebildete Kartusche, Leitform des Rokoko.

Rustika: Mauerwerk aus Quadern, deren Stirnseite absichtlich rau geblieben ist.

Sgraffito: Fassadendekoration in Kratzputztechnik. Verschiedenfarbige Putzschichten übereinander. Zeichnung entsteht durch Einritzen.

Söller: Offener Umgang, offener Saal.

Sohlbank: Fensterbank, nach außen meist abgeschrägt.

Spiegel: Geglättete Stirn des Quaders.

Spolie: Älteres Bauglied, in neuem Zusammenhang wiederverwendet.

Spornanlage: Burg auf Bergnase.

Stufenportal: Das Gewände (s. o.) tritt stufenförmig zurück.

Supraporte: Sopraporte (lat.), ein in der Renaissance und Barockzeit oft bildlich oder dekorativ belebter Aufsatz oder gerahmte Fläche über dem Türsturz.

Tourelle: Der Mauer aufsitzendes, erkerartiges Türmchen.

Trakt: Größerer, abgesetzter Teil eines Gebäudes; Flügel.

Traufgesims: Sims längs der Traufe, mit Wasserspeiern oder -durchlässen besetzt.

Trikonchos: Gebäude von kleeblattförmigem Grundriß.

Tumba: Grabmal.

Türsturz: Waagrechter Abschluss der Türöffnung.

Tympanon: Türbogenfeld über dem Türsturz.

Vierung: Raumteil einer Kirche, in der sich Langschiff und Querschiff durchdringen.

Volute: Schneckenförmiges Schmuckelement.

Welsche Haube: Haubendach, Dachhelm, Turmdach oder Giebel mit geschweifter Kontur, bes. in Renaissance und Barock.

Wohnturm: (Franz. Donjon), Bezeichnung für den zentralen wehrhaften Hauptturm, der dem Bergfried entspricht und im Gegensatz zu diesem zu dauerndem Wohnen eingerichtet war.

Zwerchhaus: Giebelartig ausgebildetes Dachfenster ohne Seitenwände, quer zum First stehend.

Zwerggalerie: Kleiner Laufgang mit eigener Arkatur, meist unter dem Dachansatz umlaufend.

Zwinger: Freifläche zwischen zwei Ringmauern bei Burgen oder Stadtbefestigungen.

Bildnachweis

Sämtliche Straßenkarten wurden aus dem KVR-Geodaten-Werk mit freundlicher Genehmigung des Kommunalverbandes Ruhrgebiet übernommen, ebenso die Karte vom Emscher Landschaftspark auf den Seiten 10 und 11.

Die Abbildungen auf den Seiten 26 und 28 stellte die Stadt Oberhausen, Abteilung Öffentlichkeitsarbeit zur Verfügung.

8 Fotos Erich Malgut

4 Fotos Dr. Joachim Stark